強い心をつくる100の習慣

植西 聰
akira uenishi

はじめに

クヨクヨと悩みやすい人、イライラと腹が立ちやすい人、ちょっとした言葉に傷ついてしまう人、一度落ち込むとなかなか気持ちを切り替えられない人、人付き合いでいつも、トラブルを抱えてしまう人……。

このような人たちは、心が弱っているのかもしれません。

心が弱っていると、何をしても、自分の思い通りにならないように感じて、人生が苦しくなります。周りの人たちも、自分に冷たい人間ばかりのように思えてしまうものです。

ずっと前からそのような状態が続いていて、人生が楽しめなくなっているなら、ここで一度立ち止まって、自分の心の状態を点検してみましょう。

そして、これまで苦しんで弱ってしまった心を、いたわり、元気づけて、強い心に変えていきましょう。

私たちの目の前に起きている出来事や、出会う人は、すべて自分の心が引き寄せています。ですから、弱った心を少しずつでも強くしていくことができれば、目の前に起きる出来事や、出会う人たちは、どんどん変わってきます。

この本は、心が弱くなったり、強くなったりする仕組みを紹介するとともに、無理なく心を強くするための100の習慣を紹介するものです。

「強い心」は、例えるなら柳のようなものです。柳は、強い風が吹いたときはユラユラと揺れます。しかし、風がやめばすぐに元通りです。

そんな、しなやかな強さを身につけることができると、生きることが楽しく、ラクになります。強い心で周りを気にせず、起きてしまったことの余韻に流されずに、本来の自分に戻ることができるようになると、「この人生に生まれてよかった」と感じられるようになります。

それは決して難しいことではありません。心の仕組みを知り、心を強く育てていくことで、誰でも、自分らしい人生をいきいきと生きることができるのです。

この本が、一人でも多くの人の心に、しなやかな強さを与え、生きることの楽しさを伝えるきっかけになれば嬉しく思います。

植西 聰

目次

第3章 マイナスの気持ちをプラスに変える方法 54

第4章 目の前の幸せに気付く 76

第7章

人との絆が心を強くする 142

第8章

人を喜ばせると自分が幸せになる 164

第1章

心が強くなる習慣

1 誰でも「心の強い人」になれる

「この人は心が強いな」と感じる人がいます。

ツイていないことが続けて起こっても、深く落ち込むことなく前向きに生きている人。

失敗して怒られたときでも、反省した後は、すぐにいつもの様子に戻っている人。

このような人は、自分の望まない出来事が起きても、「傷ついた」、「悲しい」、「もうダメだ」といったマイナスの感情を心の中にどんどん増やしてしまうことがありません。

ネガティブな事実が起きても、心まではネガティブにならないため、すぐに元の自分に戻ることができるのです。

一方で、一度落ち込むとずっと立ち直ることができず、「私はツイていない」、「私はダメな人間だ」と、いつも暗い顔をしている人たちも、世の中にはたくさんいます。

いったい、この両者の違いはどこにあるのでしょうか？

「心の強い人」になるための条件があるとしたら、それは何でしょうか？

こういうと、

「生まれついた容姿や家柄、育ってきた環境と関係あるのではないか？」

「学歴や特別な才能、頭の良し悪しは心の強さと関係があると思う」

と考える人がいるかもしれません。

実は、心の強さとそのような表面的なこととは、ほとんど関係がありません。

そして、多くの人にぜひ知ってほしいのが、心が弱くなりがちな人でも、「なぜ自分は心が弱いのか」という理由を知って、その弱い部分を改善すれば、心の強い人へと生まれ変わることが可能であるということです。

生まれや育ち、特別な才能や学歴、性別も年齢も関係なく、誰でも心の強い人になれる素質を持っています。

もちろん、心が強い人には心の強い理由が、心が弱くなりがちな人には心が弱くなりがちな理由がちゃんと存在します。

では、どうすれば心が弱くなりがちな人が、心の強い人になることができるのでしょう。

これから、そのための方法を紹介していきます。

2 プラスの感情と心の関係

結論からいうと、心の強い人と心が弱くなりがちな人の最大の違いは、その人の心の状態にあります。

その人の心のエネルギーがプラスの状態にあるか、マイナスの状態にあるかの違いが、その人の心の強さを決めるのです。

プラスの感情というのは、わかりやすくいうと「明るい気持ち」です。

嬉しい、楽しい、幸せ、ラッキー、好き、キレイ、ありがたい、そのような明るい感情がたくさん詰まっている人の心は、プラスのエネルギーで溢れているので、マイナスの出来事が起きて一時的に落ち込んでも、すぐにプラスのエネルギーに打ち消されて、立ち直ることができます。

一方、マイナスの感情とは、イヤだ、つまらない、悲しい、苦しい、嫌い、憎い、というような、考えると気分が沈むような気持ちのことをいいます。

このようなマイナスの感情が渦巻いている人の心の中は、マイナスのエネルギーが溜まっているので、思い通りにならないことがあると、さらに暗い気持ちになり、いつまでたっても笑顔の自分に戻れません。

ですから、心を強くしたいと願うなら、日頃から自分の心にプラスのエネルギーを増やし、マイナスのエネルギーを減らしていく努力が必要です。

ある女性は、お金持ちの両親の元に生まれ、何ひとつ不自由のない生活を送っていましたが、心の中では忙しい両親に対する不満で一杯で、退屈な毎日にうんざりしています。

そのため、「なぜ私は幸せになれないの」といったマイナス感情が心に溜まってしまい、他人からの何気ない一言や態度に傷ついていたといいます。

このように、他人から見れば恵まれているのに、心をマイナスのエネルギーで一杯にして、溜息ばかりの人生を歩んでいる人はたくさんいます。

この女性の例から、外見や肩書きが良いだけでは、心の強い人になることはできないことがわかります。

繰り返しますが、大切なのは心の状態です。嬉しいこと、楽しいこと、好きなことなどを見つけて、心の中にプラスのエネルギーを増やしましょう。

その人の思い方次第で、心は強くも弱くもなるのです。

3 プラスの言葉を使うと心が強くなる

心を強くするためにすぐに始められることがあります。

そのひとつが、普段自分が使っている言葉をプラスに変えるということです。

言葉が私たちの生活に与える影響は、私たちが思うよりもずっと大きなものです。

日本では古くから、「良き言の葉は良きものを招き、悪き言の葉は災いを招く」という「言霊《ことだま》」という言葉を聞いたことがあると思います。

考え方がありました。

この考えは現代社会でも十分に通用する、不変の法則です。

誰でも、「ありがとう」、「楽しい」、「ハッピー」、「美味しい」といったプラスのエネルギーを持つ言葉を使っていると、自然と心がポジティブになってきます。

これは、自分が使った言葉のプラスのエネルギーが、耳を通して心に届くために起きることです。

自分がいい気分になれる言葉、ポジティブな言葉を使っていると、心にもプラスのエネルギーが増えて、その結果、心にマイナスの感情が生まれても、それを打ち消すほどの心の強さを持つことができるのです。

このシンプルな法則を活用すれば、簡単に心を強くすることができます。

「私は、これまでポジティブな言葉を使っていなかったかもしれない」

という人がいたら、これからは意識してプラスの言葉を使うよう心がけましょう。

それには、普段からプラスの言葉を口グセにしてしまうのが効果的だといえます。

たとえば、会社に出勤したときに上司から「今日の調子はどう？」と聞かれたら、たとえ少し調子が悪くても、「はい、元気です。忙しくて少し寝不足なんですが……」と笑顔で答えましょう。

「睡眠不足で、調子が悪いんです」、「最近、イヤなこと続きでまいっています」などと答えてしまうと、心の中にマイナスのエネルギーを増やしてしまい、心が弱くなるキッカケをつくってしまうことがあるからです。

これが言葉と心の状態の基本的な関係です。この基本を知った上で、幸せそうな人とそうでない人の言葉の使い方を観察してみると、その法則の絶対的な効果に、驚くことになるはずです。

4 マイナスの言葉はなるべく使わない

「プラスの言葉を口グセにすると、自然と心が強くなる」と述べました。

この法則は、逆の意味でもあてはまります。つまり、マイナスのエネルギーを持つ言葉を使えば、心は弱くなってしまうということです。

ですから、マイナスの言葉は使わないに越したことはありません。

マイナスの言葉というのは、「嫌い」、「イヤ」、「悲しい」、「つらい」、「苦しい」、「ムカつく」、「つまらない」、「無理」、「まずい」といったような言葉を指します。

これらの言葉を使い続けていると、心はどんどんネガティブになっていき、ネガティブな出来事を引き寄せてしまいます。そんな悪循環に陥れば、自然と心も弱っていきます。

では、マイナスの言葉を使わない効果的な方法は何でしょうか。

それは、グチや悪口、うわさ話を自分からはしないようにすることです。

試しに、あなたの身近にいる人の中で、グチや悪口を言うのが好きな人を観察してみてください。

「○○さんの恋人は顔とスタイルはいいけど、頭が悪くて大学に行けなかったのよ」

「私はどこの会社に転職しても、つまらない仕事と能力のない上司にあたってしまう。本当にツイていないわ」

こんなことを言っている人で、「あの人は心が強くて羨《うらや》ましい」と思うような人はいないはずです。

悪口ばかり言っている人で、毎日が充実していて幸せという人は存在しないのです。

なぜなら、グチや悪口というのは、マイナスの言葉をたくさん使うため、それを言う人の心の状態をマイナスのエネルギーで一杯にするからです。

それだけでなく、悪口はマイナスの言葉を聞かされた周りの人にまでも及んでしまうため、いずれは「あの人といても楽しくない」と周囲からも避けられる存在になってしまいます。

このように、グチや悪口は百害あって一理なしの存在です。

「なかなかプラスの言葉を使うことができない」という人は、まずは、グチや悪口をなるべく言わないようにするだけでも、心に与えるマイナスの影響を防ぐことができます。

5 「心を強くしたい」という気持ちが大切

心がつい弱くなってしまう人の中には、口では、「強くなりたい」と言いながらも、内心で、「でも、自分の心が弱いのは元々の性格だから仕方ない」、「心を強くするなんて無理に決まっている」というような気持ちがあり、本心から「心を強くしたい」と願っていないケースが意外と多いようです。

しかし、打たれ強い自分になりたい、いつも笑顔で過ごせる自分になりたいと願うなら、自分の心の奥の「無理かもしれない」という疑いの気持ちを捨てる必要があります。

なぜなら、「これは性格だから、ずっとこのままかもしれない」という気持ちがあると、傷ついて、落ち込んでばかりの人生から抜け出せなくなってしまうからです。

人間は、自分の考えたような自分に自然となっていきます。

ですから、心を強くするためには、「私は強い心を持つ人間になれる」と強く信じることが肝心なのです。

たったこれだけのことで、心の強い人と心の弱くなりがちな人の、人生の差が生まれるのです。

「意志が人生をつくる」という例としては、ヘレン・ケラーの生き方が参考になります。重い障害を持ちながら、身体障害者の教育、福祉の事業に携わっていたヘレン・ケラーを、支えたのは、自分の強い思いでした。

彼女は二歳のときに高熱にかかり、一命は取り留めたものの、聴力と視力、そして言葉までも失い、話すことさえできなくなりました。

それでも、彼女は「学びたい」という強い意志を持ち続けました。

そして、家庭教師のアン・サリバンにしつけや指文字、言葉を徹底的に教えてもらうことで、不可能といわれていた読み書きを覚え、大学に入学することができたのです。

重い障害を持った彼女の苦しみは普通の人からは想像ができないものですが、「話せるようになりたい」という気持ちがあったからこそ、心を強く持ち、話せるようになったのです。

「心を強くしたい」と思わない人が、心を強くすることなどできません。

今からでも遅くはありません。「強い心を持った自分になる」と心から決意しましょう。

本気になった瞬間から、人生は変わり始めます。

6 「今日から強い自分になる」と決意する

「心の強い人間になる」と本気で思うことができたら、次のステップとして、今日から心を鍛えるためのレッスンを始めましょう。

「思い立ったが吉日」ということわざもあるように、「変わりたい」と思ったその瞬間が、レッスンを始めるのに最適なタイミングです。

こういうと、「忙しいから、今すぐに新しいことを始めるのはムリ」、「面倒なことをするのはやっぱりイヤだ」と思う人がいるかもしれません。

ここで聞きたいのは、「では、この先もずっと、情けない自分のままでいいのですか？」ということです。

強い心を手に入れたいなら、行動を先延ばしにしないで、すぐに始めるしかありません。

もちろん、人が物事に取り組むスピードはそれぞれです。

先のことを見据えてゆっくりと確実に経験を重ねる人もいるでしょうし、すぐに何かをつかみ取るために、ガムシャラに頑張る人もいるでしょう。

やり方に正解はありません。自分のペースで、前に進めばいいのです。

しかし、あまりにものんびりしている人を見ると、少し心配です。

人生は永遠ではありません。「時間なんて、たっぷりある」と思っていても、あっという間に年を取っていきます。

傷つきやすい自分に悩んでいるのに、毎日をなんとなく生きて、どうでもいいようなことに時間を費やしている人は、ある意味、現実逃避をしているのかもしれません。

目標に向かって進んでいく途中で、ムダなことはしてもいいですし、回り道をするのも結構です。

ただし、そんなときでも、「私は強い心を持つ強い人間になる」というはっきりとした気持ちを忘れてはいけません。

「いつかヒマができたらやろう」と考えているなら、今すぐにヒマをつくって、できることを始めましょう。

忙しい現代人がどんなに待っても、ヒマな時間はやってきません。決意して、行動できる人から、心を強くすることができるのです。

7 「心の強い人」と交流する

「たいして理由があるわけでもないのに、なぜか心が弱く落ち込みやすい」という人におすすめなのが、身近な人で「この人は心が強い人だな」と思う人と意識的に交流してみることです。

「類は友を呼ぶ」という言葉があるように、人は似た者同士で、自然に集まって仲間をつくるものです。

ですから、心が弱い人は、周囲にも同じように落ち込みやすい人や、傷つきやすい人ばかりが集まっている可能性が高いのです。

そのような人たちといると、自然とマイナスの会話が多くなり、心はますますネガティブになってしまいます。

この法則を逆にとらえると、心が強い人と一緒にいると、自分の心にプラスのエネルギーが増えることになります。

あるOLの女性は、心が弱って落ち込んだときには、同じ部署の先輩と話す機会を増やすといいます。

その先輩は、有能なため若くして係長になりましたが、その陰で男性社員から嫉妬の目を向けられるなどの厳しい仕打ちを受けていました。

それでも、後輩の女性社員へは落ち込む姿を見せることなく、いつも応援の言葉をかけてくれるといいます。

そんな先輩に「あなたはよく頑張っているわ」、「私でよかったら、いつでも力になるからね」と言ってもらえると、彼女は曇りがちだった心がパーッと晴れやかになるそうです。

人を応援できるということは、つまりは、他人の幸せを願うことができるということですから、心の状態がポジティブな証拠です。

自分にプラスの感情を与えてくれる人たちと交流すると、心の中にどんどんプラスの感情が芽生えて、弱っていた心が回復します。

これは、心の仕組みから考えても当たり前のことなのです。

思い切って、心の強い人と親しくしてみましょう。心の強い人は、寛大ですから、恐れる必要はありません。

8 笑顔でいると、自然とプラスの言葉が出てくる

心を強くするために、プラスの言葉を使おうと心に決めても、最初のうちはどのようにしたらよいのかわからない人もいるでしょう。

そんなときは、笑顔をつくってみましょう。

「ハッピー」、「運がいい」といったようなプラスの言葉を使うとき、私たちの表情は自然と笑顔になっています。

ちょっと想像してみてください。

「昨日、ふらりと花屋さんに立ち寄ったら、大好きなバラの花がたくさん入荷されていたの。珍しいバラもあったので、ツイてるって思っちゃった」

「昨日の夜、空を見上げたら、星がたくさん見えた。とてもキレイで感動した」

このように、プラスの言葉をたくさん使った会話をするとき、悲しい表情で話をしている人を見たことがありますか？　きっとないでしょう。

逆に、「この仕事は難しい」、「この料理はマズイね」というようなマイナスの言葉を使うときの表情は、眉をひそめた渋い表情をしているはずです。

つまり、普段使う言葉は、私たちの表情にも、大きな影響をもたらしているということです。

プラスの言葉を口にしたり、耳で聞いたりしていると、表情は自然と柔らかくなり、笑顔が増えます。これを反対に考えると、笑顔でいるだけで、使う言葉がプラスになるといえます。

人間は、笑っているときにマイナスの感情を増やすことはできません。顔が笑っていると、心は自然とプラスのことを考えるようになっているのです。

ですから、笑顔の回数を増やすということは、心にプラスのエネルギーをどんどん溜め込んでいき、心の状態をプラスに保つことにつながります。

心が強い人というのは、笑顔とプラスの言葉を上手に活用して、心の状態をプラスに保っているのです。

プラスの言葉を使うことが難しく感じる人は、笑顔でいる時間を増やしてみましょう。

そうすることで、次第にプラスの言葉を使うことが習慣になっていきます。

9

マイナスの言葉を打ち消すことで、心を立て直す

「マイナスの言葉は使わないほうがいい」とわかってはいても、心が弱っているときは、ついついマイナスの言葉が口をついて出てしまうものです。

思い通りにいかないときは、「もう、何もかもイヤになっちゃうよ」とグチのひとつでもこぼしたくなることもあるでしょう。

こういうときに気をつけてほしいのは、マイナスの言葉を使ってしまったときに、必要以上に落ち込まないということです。

「ああ、いつまでたってもマイナスの言葉を使うクセが直らないなんて、私ってダメな人間かも……」

などとマイナスに考えてしまうと、ますます心の状態がマイナスに傾いていってしまうからです。

ついつい、マイナスの言葉を使ってしまったときは、すぐに、

「今のはちょっと弱気になっただけ。これからはプラスの言葉を使うように心がけよう」

と自分に宣言しましょう。

こういって、すぐに気持ちを切り替えることができれば、さっき口に出してしまったマイナスの言葉のエネルギーはすぐに打ち消すことができます。

マイナスの言葉のエネルギーにも強いものと弱いものが存在します。

たとえば、「残業続きでさすがに疲れたわ」といったようなグチは、すぐに打ち消すことができます。なぜなら、誰のことも傷つけていないからです。

しかし、「あんた、バカじゃないの？」とか「あの人って最低よね」というように、他人を攻撃するような悪口は、マイナスの力がとても強いので、すぐに打ち消したとしても、心にはマイナスのエネルギーが残りやすくなります。

それでも、つい興奮してそういう言葉を発してしまったら、「今の言葉は取り消します。○○さんに幸せなことが起きますように」と悪口を言った相手の幸せを願う言葉を使って、少しでも心の中にプラスのエネルギーを呼び込みましょう。

そうすることで、マイナスのエネルギーは減っていきます。

10 マイナスの言葉はプラスの表現に変えて話す

言葉にはエネルギーがあるため、普段よく口にしている言葉を少し変えるだけで、心の状態は大きく変わってきます。

ある大学生の女性は、「ごめんね」が口グセでした。

誰かに親切にしてもらったり、力を貸してもらったりしたとき、「あなたの時間をとってしまって、ごめんね」、「いつも迷惑をかけてごめんね」と言って謝るのです。

彼女は心の中では、相手に感謝しているのですが、「ありがとう」とは言いません。昔から、なんとなく「ごめんね」を言うクセがついていたのです。

しかし、言葉のエネルギーを考えれば、このような場面では、「ごめんね」ではなく、「ありがとう」を言うほうが望ましいのです。

なぜなら、「ごめんね」と言っても、自分の心にも、言われたほうの相手にも、プラスのエネルギーは生まれないからです。

それに対して、「ありがとう」という言葉には、大きなプラスのエネルギーがあるので、口に出すたびに、言ったほうも言われたほうも、心にはプラスのエネルギーが増えて、気分も明るくなります。

本人は何気なく使っているのでしょうが、本来なら謝罪の言葉である「ごめんね」を繰り返し使っていると、心は次第にマイナスに傾いていってしまいます。

ですから、誰かに優しくしてもらったときなどに、「ごめんね」と言うクセを持っている人は、「ありがとう」という言葉に置き換えてみましょう。

それだけで、確実にマイナスの言葉を減らすことができると同時に、プラスの言葉で会話する習慣も身につけられるのです。

女優のオードリー・ヘップバーンは、「美しい唇であるためには、美しい言葉を使いなさい」と言いました。

美しい言葉とは、プラスの言葉であることは言うまでもありません。

普段、無意識に使っているマイナスの言葉をプラスの表現に変えて話すことで、心の中はポジティブなパワーに満たされ、考え方がプラスになります。

考え方がプラスになるということは、心もどんどん強く育っていくということです。

第2章

自分らしい夢を見つける

11 夢を見つけると、心が強くなる理由

「あなたの夢は何か、あなたの目的とするものは何か、それさえしっかり持っているならば、必ずや道は開かれるだろう」

インドの独立指導者にして「インド建国の父」として知られるガンジーは、このように言いました。

人は夢や目標を見つけると、心が強くなるものです。

実際、心の強い人を観察してみると、たいてい何かしらの夢を持っているものです。

彼らの心の中にプラスのエネルギーが溢れているのは、夢のことを考えるだけでワクワクと楽しい気持ちになったり、努力をすることで「夢の実現に近付いている」という達成感を味わったりすることで、プラスの感情を増やしているからです。

ただ、ボーッと暮らしているよりも、夢に向かって前進している人のほうが心が強いのは、そのためなのです。

今、つらい状況に置かれて、心が折れそうになっている人や、過去にイヤなことばかりが続いて、心に大きなダメージを負っている人は、小さくてもいいので、何か夢を持ちま

しょう。

夢を見つけた瞬間から、少しずつ心はプラスの状態に近付いていくはずです。

「自分は何をしてもうまくいかないに決まっている」

「夢を見て、また傷つくのはイヤだ」

と思う人もいるでしょう。しかし、最初は「今度の連休に旅行に出かける」といった小さな夢でいいのです。

そんな小さなことでも、考えているうちにワクワクして、何かイヤなことがあっても、あまり気にならなくなったりします。

すぐに夢を描くのが難しいなら、「あの人のようになりたい」という憧れの存在を見つけて、その人のマネをしてみるのもいいでしょう。

一度きりしかない人生をどのように生きるかは、自分自身が決めることです。

どうせなら、毎日、夢に近付くようなワクワクする生き方を選びませんか？

12 願い事を書き出してみる

「夢を見つけたいけれど、自分のやりたいことがなかなか見つからない」という人に、おすすめの方法があります。

それは、「将来、こうなったらいいな」、「こんなことをしてみたいな」という願い事を紙に書き出すということです。

夢を見つけて、それを現実のものにしようとするとき、できるだけその夢を具体的にしておくことが大切です。

なぜなら、「こんなふうになったらいいのに」という思いがあっても、頭の中だけで漠然と思い描いているだけでは、日常の中で「そのために何をすればいいか」がわからず、いつまでたっても夢に近付くことができないからです。

一方、文字にして書き出してみると、「自分はこんな夢があったんだ」と、直接目で見て、確認できるため、自分の願いがなんとなく現実味を帯びてきます。

たとえば、「英語を話せるようになって、外国に移住したい」という願い事を思いついたとします。

それを頭で考えていただけのときは、何も行動する気が起きなかった人も、毎日、目標を目にするうちに、英会話学校に通うなど、なんらかの行動を始めたくなってくるものです。

そして実際に、英会話学校に通うことで、チャレンジしたことへの達成感や、実際にボキャブラリーが増えることへの喜びなどを味わうことができます。

まだ「外国に移住したい」という夢は叶っていなくても、それに向けて行動するだけでも、心にはプラスのエネルギーが増えていくのです。

願いを書き出すときは、

「そうはいっても実際は無理だよね」

「英語が話せないのに、海外に住みたいなんて笑われてしまうかも」

などとネガティブなことを考える必要はありません。

願い事を書き出してみたら、目につく場所に貼っておいて、常に眺めましょう。

誰かに見られるのが恥ずかしいのなら、手帳に書いたり、メモをしておいてもいいでしょう。大切なのは、その願いを数多く目にすることです。

13 自分の好きなことに注目する

自分らしい夢を見つけるためのヒントは、自分の好きなことの中にあります。

ほとんどの人は、自分が得意ではないことや苦手なことを、長く続けることができません。心にマイナスのエネルギーが増えて、つらい気持ちになってくるからです。

反対に、「好きこそ物の上手なれ」というように、心から好きなことや得意なことをしているときは自然と上達しますし、上達すると楽しくなって、またそれを続けようと思うものです。

そして、好きなことをしているとき、その人の心にはどんどんプラスのエネルギーが増えていきます。

夢が見つからないという人は、まずは「好きなこと」に注目してみましょう。すると、自分でも気付かなかった夢が見つかるかもしれません。

金融関連の会社で契約社員として働いている女性がいます。

彼女は今の仕事も嫌いではありませんでしたが、心の奥では「もっと夢中になれる仕事がしたい」と考えていました。

そんなとき、会社の人員削減が行われ、彼女は契約を解除されてしまいました。あまりに突然の出来事だったため、「これからどうやって収入を得て、生活をしていけばいいのか」と心が折れそうになりました。

しかし、生活をしていくためにはそう落ち込んでもいられません。そこで、勇気を出して、かねてから自分の夢だった職業にチャレンジしてみることにしました。それは、スポーツクラブのインストラクターです。

幼い頃から、運動神経抜群だった彼女は、これまでも、趣味として長い間スポーツクラブに通っていて、ダンスも上手でした。しかし、「スポーツ関係の職業は甘い世界ではないから無理」と勝手にあきらめていたのです。

勇気を出した彼女は、スポーツクラブの採用試験を受け、現在は事務員兼エアロビクスのインストラクターとして働いています。

「夢を叶えるために頑張った」という自信は、彼女の心にプラスのエネルギーを増やし、それ以来、彼女はとても明るい女性に変わりました。

このように、自分の大好きなことの先に、夢が見つかることはよくあります。

14 「もし時間とお金がたくさんあったら？」と考えてみる

「好きなことの延長線上に夢が見つかるものですよ」と言うと、

「これといって、好きなものも得意なものもない自分はどうしたらいいの？」

と聞かれることがあります。

そんな人には、こうアドバイスしています。

「もし、時間とお金がたくさんあったら、どんな人生を送りたいですか？　その答えの中に、夢へのヒントが隠れているかもしれません」

たくさんの人にこのアドバイスをしたところ、いろいろな返事が返ってきました。

「私はパンを作ることが大好きだから、本格的にパンのスクールに通って、経営の勉強もして、自分のお店を持ちたい」

「今は自分の生活で精一杯で、なかなか親孝行できない。お金と時間があるなら、両親の行きたい場所へ旅行をプレゼントしたい」

「グランドピアノを置けるくらいの大きな部屋を借りて、毎日ピアノの練習をしたい」

彼女たちは、さっきまで「夢が見つからない」と言っていた人たちです。

しかし、こんなふうに、「時間とお金があったらやりたいこと」という条件で考えてみると、たくさんの「夢へのヒント」が見つかったのです。

彼女たちの答えをよく見ると、時間とお金が十分になくても、始められることもいろいろとあります。

パンを扱うお店を持つことも、両親へ親孝行のために旅行をプレゼントすることも、大きな部屋を借りてピアノの練習をすることも、努力をすれば実現は可能です。

それなのに、「時間とお金がたくさんあったら」と条件をつけないとその思いを口に出せないのは、

「どうせ自分には無理に決まっている」

「夢なんて持っても、何も変わらない」

という気持ちが心の奥にあるからです。

まずは、そんなふうに、最初からあきらめてしまう気持ちを捨てましょう。

誰にでも、夢を持つ権利があります。誰にでも、夢を追いかける自由があります。

まずは自分で自分自身に、「夢見ること」への自由を認めてあげましょう。

15 できる理由を探してみる

願望を書き出してみると、夢を見つける足がかりになることはすでに述べました。

しかし、ただ夢を見つけて、強く願っているだけでは、現実に夢を叶えることはできません。

たとえば、「英語を話せたらいいのに……」と思っているだけでは、英語は少しも上達しません。

それだけでなく、「英語を話したいのに、まったく努力しないダメな自分」に自己嫌悪を抱いてしまい、心がマイナスの状態になってしまうことさえあります。

それでも、なかなか最初の一歩を踏み出せないという人は、

「私はきっとできる」

「夢は叶うに違いない」

と自分自身に声をかけてあげましょう。

心が折れているときやマイナス思考がクセになっている人は、夢を見つけても、「やっぱり自分には無理かも」、「自分にはできるはずがない」と反射的に考えてしまいがちです。

そのとき、誰かからプラスの言葉で励まされると、マイナスの気持ちが弱まり、「できる」と信じる気持ちが強くなるのです。

それでも勇気が出ないときは、「きっとできる」と信じられる理由を探してみるといいでしょう。

「仕事の合間を縫って、一生懸命勉強したのだから、受からないはずがない」

「資格の学校に行って、直接専門家に教えてもらったのだから、きっと合格する」

「学生時代も、無理だと思ったチャレンジに成功したことがある」

多少はこじつけでもいいので、「うまくいく」という理由を見つけて、信じる気持ちを強めていくのです。

夢を叶えようとするとき、最初は誰でも自信がないものです。「失敗したらどうしよう」とマイナスのことばかり考えてしまいがちです。

しかし、ここを乗り越えなければ、前には進めません。「きっとできる」と自信が湧いてくるまで、いくつでも理由を探してみてください。

16 すぐに叶いそうな夢からスタートする

夢を見つけたのはいいけれど、その夢があまりにも大きすぎて、叶えるのに相当の努力と時間が必要な場合があります。

大きな夢は心の中にたくさんのプラスのエネルギーを増やしてくれますが、その一方で夢に挫折してしまうと心に大きなダメージを負ってしまうことがあります。

たとえば、これまで、たいした運動をしてこなかった人が、いきなり激しい運動を始めると筋肉痛になったり、体を痛めたりすることがあります。

それと同じで、これまで心が弱くなっていた人が、いきなり大きな夢を持ってしまうと、その反動で、ちょっとうまくいかないことがあると、余計に心の傷が深まってしまうことがあるのです。

ですから、夢を持つときは、まずは小さなもの、つまり、すぐに叶いそうな夢から取り組むことをおすすめします。

たとえば、「美味しいと評判の隣町のレストランに行きたい」という夢と「相性が合う人と幸せな結婚をして、子どもが欲しい」という夢を見つけたとしたら、まずは「レストランに行く」ことを叶えましょう。

レストランに行くという夢は、お店の予約を取って、少し贅沢にお金を使えば、簡単にできることです。

一方、結婚をして子どもを産むという夢は、まず相手を探さなくてはいけません。ぴったりな相手を見つけるには、ある程度の時間がかかります。そして、子どもを産むにしても、結婚をしてから相手と考えることなので、叶うのはずいぶんと先になるでしょう。

このように現実的に考えてみると、叶えやすい夢とそうでない夢の区別ができると思います。

叶えやすい夢を確実にクリアすることで、「夢は叶えられるものなんだ」という確かな自信が芽生えてきます。

そして、「次の夢も叶えよう」というやる気や、「もっと大きな夢も叶えたい」という希望を心の中に生み出してくれるのです。

心を強くするためには、焦らずに、ひとつひとつ、小さな夢から叶えていくことが大切です。

17 リスクを計算するより、直感に従う

夢に向けていざ行動しようとしても、不安な気持ちが湧いてきて、前に進めないときがあります。

そんなとき、自分を責める必要はありません。これまでとは違う何かを始めようとするときに、心が一時的にマイナス感情になるのは当然のことです。

なぜなら、何かを手に入れるためには、相応のリスクがつきものですし、そのリスクのことを考えれば、誰だって不安になるからです。

たとえば、あなたが思い切って、住みたかった町に引っ越すことを決めたとしましょう。

彼女はその町に住むことを考えるとワクワクするのですが、「引っ越し代がもったいないなあ」、「引っ越した後で、住みにくい町だとわかったらどうしよう」といったマイナスの思いが胸をよぎったとします。

しかし、そこであきらめてしまっては、何も状況は変わりません。

そんなときは、「ああ、私は今、リスクのことを考えて不安になっているな」と自分の気持ちを冷静に受け止めましょう。

その上で、「リスクはあるけど、思い切ってやってみよう。その価値はある」と自分に言い聞かせてください。

あまり長く迷っていると、夢を見つけたときのワクワクした気持ちや「この夢が叶うと、毎日が楽しくなるな」と希望に満ちていた気持ちまで消えてしまいます。それはとてももったいないことです。

それでも勇気が出ないときは、「では、どうやったらうまくいくのか」に気持ちを集中しましょう。きっと、うまくいく方法を考えるうちに、直感が答えを教えてくれるはずです。

人間の本能は、理屈では到底わからないような、神秘的な能力を秘めています。

アップル社を設立したスティーブ・ジョブズも、「最も大事なのは自分の直感に従う勇気を持つことです。直感とはあなたが本当に求めることを分かっているものです」と言っています。

迷ったときは、リスクへの不安より、心の奥に感じる直感を重視しましょう。

そのほうが、ずっとワクワクする未来を楽しむことができるのです。

18 夢を叶えるための企画書を作ってみる

夢を叶えるためには、どうしたらその夢が現実になるのかを、分析することが大切です。

なぜなら、夢を叶えるためには、そのために行動することが絶対に必要だからです。

どんな夢にも、実現するための手順があります。その手順を間違えてしまうと「夢は見つけたけど、失敗ばかりしていて、つらい」と心が折れてしまうかもしれません。

夢を叶えるためにおすすめなのが、自分なりの企画書を作ることです。

企画書とは、たとえば会社で新しい商品を作りたいときに、上司や取引先に対して「こんなことをしたい」、「こんな物を作りたい」という自分の考えをわかりやすくまとめた文書のことです。

それを、自分の夢に置き換えて作ってみるのです。

やり方は簡単です。夢を叶える目的、夢を叶えるための計画から、その計画をどうやって実行していくのか、いつまでに計画をやり終えるのか、夢を叶えるために必要なお金や時間はどれくらいかかるか、という具体的な内容を書き出します。

たとえば、「自分が作ったアクセサリーをインターネットで販売したい」という夢を叶えたいとしたら、次に、そのためには何をしたらいいのかを書き出すのです。

その結果、「自分のホームページを持つ」、「自作のアクセサリーの数を増やす」という二点だとわかったら、その次は「ホームページを持つために必要な手続きをすること」と「アクセサリーをたくさん作ること」を目標にします。

そして、今度は目標を達成するためには、どうしたらいいかを考え、具体的に行動する内容を決めます。「月末までにどの会社のホームページを利用するか決める」、「この二ヶ月で材料を仕入れて、休日に集中して作る」というふうに行動の中身と期間を決めて、計画として落とし込んでいくのです。

ここまでくれば、あとは目標をスケジュール通りに達成していくだけです。

こうすることで、遠かった夢が一気に現実のものへ変化していきます。

企画書には、文字だけでなく、写真や雑誌の切り抜きなども入れると、さらに心がワクワクするでしょう。

19 地道な努力が苦しくないのが本当の夢

「日々は迷いと失敗の連続だが、時間を積み重ねることが成果と成功をもたらす」

これは詩人のゲーテの言葉です。

心を強くするためには、夢を叶えるまでの努力を惜しまないこと、そして、もし途中で失敗したり、迷ったりしても必要以上に落ち込まないことが大切です。

ときどき、「夢を見つけたけど、努力する気が起こらない」、「夢を叶えたいけど、努力をすることが苦しい」という人がいます。

そんな人は、今一度「本当に自分はその夢を叶えたいのだろうか?」と心に聞いてみてください。

というのも、本当に情熱を持って「この夢を叶えたい」と前進している人は、そんな考えをするはずがないからです。

自分の夢に真剣に取り組んでいる人は、地道な努力を惜しみません。

「努力」というと、「イヤなことを無理に実行する」というイメージを持つ人もいるようですが、それは誤解です。

本気で努力すると、「これをしているだけで楽しくてしょうがない」という気持ちになり、プラスの感情が常に発生している状態になるのです。

ですから、夢を本気で叶えようとしている人は、周囲から見れば大変な努力をしているように見えても、本人からしたら努力することが面白くて、苦しくなどないのです。

もし、夢を叶えるための努力ができないという人は、再度、自分の夢を見直してみることをおすすめします。

すると、「実は本当に叶えたい夢は、別にある」、「周りの人に自慢できそうだったから、自分の心にウソをついた」ということに気付くかもしれません。

最初の夢が間違いだとわかったら、別の夢を見つければいいのです。

夢を叶えるというと、何かスケールの大きいことを始めたくなりますが、実際には毎日の小さな努力の積み重ねが大切なこともよくあります。

そんな努力が苦しくないと感じられる何かを見つけられたら、それがその人の得意なことであり、夢への近道といえるのです。

20 夢を見つけることは義務ではない

自分らしい夢を見つけるためには、焦りは禁物です。

「夢を見つけなきゃ」と頑張りすぎると、自分の本心にウソをついた夢を叶えようとしたり、自分の個性と合わない夢を本物の夢と勘違いしたりして、かえって心にダメージを負ってしまうことがあるからです。

ですから、「夢がなくても困らないけど、あればもっと楽しくなりそうだな」というように、ゆったりとした気持ちで夢について考えるのがいいでしょう。

夢を持つこと、夢を叶えることは、義務ではありません。

「絶対に夢を見つけなければ、心を強くすることができない」と思いながら、夢を見つけようとしていると、自分の納得のいく夢が見つからなかったときに、「夢を見つけられない自分はなんてダメな人間なんだ」と自分を責めることになります。

これでは、夢を見つけたいというプレッシャーが、心の中のエネルギーをマイナスにして、かえって落ち込むことになってしまいます。

これは、「自分探し」も同じです。

「今の私は本当の自分ではない」と思って、手当たり次第にいろいろなことにチャレンジしても、心が疲れてしまうだけです。

焦る必要はないのです。まずは、「今の自分」にもOKを出しましょう。

その上で、ゆっくりと自分らしい夢を見つければいいのです。

自分の個性や性格を理解していないままで、いくら夢をたくさん持っても、「何かが違うな」と心に違和感が残り、夢が叶っても幸せになれないことがあります。

人にどう見られるかは気にせずに、自分の心が喜ぶことは何かを、しっかりと考えていくことが大切なのです。

それでも夢が見つからないなら、とにかく今、目の前にあることに一生懸命取り組んだり、周りにいる困っている人の力になったり、「いつもよりちょっと頑張る」ことを意識するといいでしょう。それだけでも、生活に張りが生まれて、心にはプラスのエネルギーが生まれるものです。

第3章

マイナスの気持ちをプラスに変える方法

21

どんなことも受け止め方次第でプラスに変えられる

何か失敗をしたときに、クヨクヨと落ち込んでばかりいると、そのうちに心にマイナスのエネルギーが増えて、さらに落ち込むような出来事が起こったりします。

それは、心の中にあるマイナス感情がマイナスの出来事を引き寄せているのが原因です。

これをマイナスの「引き寄せの法則」といいます。

自分の身の回りに起きていることは、過去の自分が引き寄せたもので、未来に起こることは現在の自分が引き寄せるということです。

こういうと「そんなことは迷信に決まっている」と思う人がいるかもしれません。

しかし、心の強い人はプラスの「引き寄せの法則」を無意識のうちに活用して、人生を有意義なものにしています。

彼らは、何か失敗をしてしまっても、誰かのせいにして、被害者意識を持つようなことはありません。

そうではなく、「これも自分の責任だ。この失敗を生かして、次は必ず成功させよう」というふうにプラスの方向に考える習慣を持っています。

そのプラスの感情が、いい出来事を引き寄せているのです。

同じ出来事でも、それをどう受け止めるかは、人によって違います。

たとえば、晴れの天気が続いたとき、「毎日爽《さわ》やかでいい」、「心置きなく散歩ができる」と喜ぶ人もいれば、「雨が降らないと水不足になる」、「雨が降らないと食べ物が育たない」と心配する人もいるわけです。

しかし、確実にいえることは、過去に一度起きてしまったことは、もう元には戻らないということです。

だとしたら、心をマイナス感情で一杯にするよりも、少しでもプラスの方向に考えるように努力したほうがいいのは間違いありません。

起きてしまった事実は変わらないけれど、自分の考えは受け止め方次第で、いくらでも変えることができます。

どんなことが起きても他人のせいにせず、プラスに受け止めることで、心は少しずつ鍛えられていきます。

22 不幸をバネに成功をおさめた女性の話

「翼を持たずに生まれてきたのなら、翼を生やすためにどんな障害も乗り越えなさい」

そう言ったのは、二十世紀を代表するデザイナー、ココ・シャネルです。

彼女は、世界で最も有名なブランドのひとつである「シャネル」の創業者兼デザイナーです。

現在、女性のファッションの常識として根付いていることのほとんどは、シャネルが考え出したものだといっても過言ではありません。

たとえば、「シャネル・スーツ」の、ジャージー素材を使った洋服は、仕事をする女性が動きやすいように作られたものでした。

当時は貴族の女性を中心に、すそが長く動きにくいドレスが主流でした。そんな中、彼女の意表をついたデザインは「働く女性のための服」として女性に受け入れられて、大流行したのです。

このように、大成功して華やかな印象のあるシャネルですが、幼少期は不幸な境遇で育ちました。

母親が早くに他界し、父親にも捨てられ、姉と共に修道院や孤児院で育ちました。

そんな不幸な境遇にも負けず、シャネルは常に「特別な、価値のある人間になりたい」という強い意志を持っていたといいます。

修道院を出たシャネルは、裁縫の仕事のかたわら、プロのシャンソン歌手を志していました。

しかし、さほど歌唱力がなかったため、オーディションを受けても仕事を取ることができず、歌手の夢を断念することになります。

そんな彼女がファッションデザイナーになったきっかけは、当時交際していた男性の家で退屈しのぎに作っていた帽子を、たまたま遊びに来た女優に認められたためです。

シャネルは、「人生がわかるのは、逆境のときよ」という言葉を残しています。

この言葉からもわかるように、彼女は不幸な状況をマイナスととらえず、「こうすれば成功できる」というプラスのエネルギーに変えることのできる、強い心の持ち主だったのです。

23 失敗から教訓を学ぶことができる

「仕事でちょっとしたミスをしてしまった」、「友達とちょっとしたことで言い争いになってしまった」など、失敗にはさまざまなものがありますが、特につらいのは恋愛での失敗ではないでしょうか。

「好きになった人にはすでに婚約者がいて、『君とは付き合えない』と言われた」

「長い間付き合っている彼氏がいるけど、ある日突然『他の女性を好きになった』と別れを切り出された」

こんなふうに失恋したときは、心に大きなマイナスのエネルギーが溜まり、心の傷が長く残ってしまうことがあります。

心に傷を残したままだと、新しい男性との出会いがあっても、積極的になれなかったり、「また振られるかもしれない」と臆病になったりと、心の底から恋愛を楽しむことが難しくなってしまいます。

失恋をしたら、その恋愛に関するマイナスの感情を引きずらないようにすることが大切です。過去の相手に思いを巡らせても、心の中にはマイナスのエネルギーが増えるだけでいいことは何もありません。

そのために効果的なのが、その恋愛から得た教訓を探してみることです。

「自分だけが一方的に好きになっても、相手に決まった人がいたら付き合えるわけではない。今度、恋愛をするときは決まった相手のいない人を選ぼう」

「彼が他の人を好きになったということは、運命の人ではなかったということだ。今度の恋愛では、ずっと相思相愛でいられる誠実な運命の人を探そう」

このように、「次はこうすればいいんだ」ということが発見できると、心にはプラスのエネルギーが増えて、気持ちを切り替えることができます。

「失敗は成功のもと」です。失敗したときは、その中からプラスの面を見つけ出し、気持ちを切り替えましょう。

そうすれば、失敗は失敗でなくなり、次の成功を助ける学びとなります。

失恋を「新たな恋の始まり」と思えるようになったら、これまでより心が強くなっている証拠です。

24 トラブルの中にはヒントが隠されている

心が弱くなりがちな人は、トラブルが起きることを極端に恐れる傾向があります。

そのせいか、トラブルが起きると、「どうしよう。このままでは大変なことになってしまう」とパニックになり、余計に心を疲れさせてしまいます。

一方、心の強い人は、トラブルが起きても動揺することなく、その中からプラスになることを探し出して、「これでよかったんだ」と前向きにとらえます。

「人生で経験した全ての逆境、トラブル、障害が、私をまっすぐにし、強くしてくれた」

こう言ったのは、ディズニーの創設者であるウォルト・ディズニーです。

私たちは皆、生きている限り、トラブルや悩みなどのマイナスな状況と縁を切ることはできません。心の強い人にだって、思い通りにならないことは起きます。

彼女たちはその事実をしっかりと受け止めているから、トラブルがあっても冷静に対処することができるのです。

保育園で保育士をしている、ある若い女性は、クラスの保護者からの過剰な要求に頭を悩ませていました。

「うちの子の洋服は高級ブランド品なので、遊ぶときに汚さないようにしてください」

彼女はこのように無理な要求を出されるたび、「ああ、またクレームか。保育園はたくさん子どもがいるから、一人の子だけを集中して見るのは無理があるのに……」とうんざりするそうです。

そのことをベテランの先生に相談してみたら、こんな答えが返ってきたそうです。

「保護者の要求の中には、保育園がもっと利用しやすくなるためのヒントが隠されているかもしれません。ですから、クレームと思わずにしっかりと聞いてくださいね」

それからというもの、彼女は積極的に保護者と会話をして、可能な限りクラスの雰囲気を改善しました。

その結果、「先生のおかげで、以前より保育園が利用しやすくなりました」と感謝の言葉をかけてもらうことが増えたのです。

このように、トラブルの中にあるヒントを見つけ出すことで、トラブルがマイナスの出来事ではなくなります。

25

マイナスの感情をプラスマイナスゼロにする

心の強い人は、ひとつのマイナスの出来事をありのまま受け止めて、そこからプラスにとらえていく習慣があることはすでに述べました。

しかし、落ち込みやすい人や傷つきやすい人は、マイナスの出来事をありのままに受け止めることが苦手です。

よく見かけるのが、その出来事の事実よりも大きくとらえすぎてしまい、自分で余計にマイナスのエネルギーを増やしてしまう人です。

このような場合は、マイナスになってしまった感情を、まずはプラスマイナスゼロの状態にしてあげることが重要です。

ある日、ある女性の自宅が、泥棒に入られてしまいました。

「私が仕事で留守にしている日中に、侵入されたみたいです。盗まれていたのはタンスの中に隠していた現金でした。生活費と友人の結婚式のお祝いにあげるお金も含まれていたのに……。これでは、次のお給料まで切り詰めないとやっていけません」

一生懸命働いて貯めたお金を盗まれてしまったのです。彼女の落ち込みは相当のものでした。しかし、それ以上に不安だったのが、「また、泥棒に入られたらどうしよう」ということでした。なにしろ女性の一人暮らしです。「万が一、自分がいるときに侵入されて暴力をふるわれたら、どうしよう」と恐怖で頭が一杯になり、自宅に帰ることができずにいました。

翌日、マンションの大家さんと警察に連絡したところ、こう慰められました。

「災難でしたが、あなたは幸いでしたね。お金以外は盗まれていないようですし、自宅を荒らされた形跡もありません。近所で何件か同じような盗みが入ったようなので、マンション周辺を警備するのでご安心ください」

それを聞いたその女性は、「考えてみれば、自分は無事なのだからツイている。お金を盗まれただけで、よかった」と気持ちを落ち着かせることができたといいます。

マイナスの感情に振り回されそうになったら、まずはその感情をゼロに戻すことに努めましょう。一気にプラスに転じさせる必要はありません。

少しずつ、ゼロからプラスへと心のエネルギーを変えていくことで、笑顔が戻ってくるはずです。

26 どん底の状態は長くは続かない

一生のうちには、「何もかもうまくいかないとき」があります。

仕事では、嫌いな部署に配属された上に、意地悪な上司に怒られる毎日。

プライベートでは、彼氏とケンカしてしまい、友達に相談しようとしても、ほとんどの人が結婚と育児で忙しく会えない状況。

そうしているうちに、原因不明の体調不良で、病院に通わなくてはならなくなってしまった……。

まるで絵に描いたようなマイナスの出来事のオンパレードですが、それを嘆く必要はありません。

実は心の強い人ほど、このようなどん底の経験をした人が多いからです。

こんな状態のときは、「何もかもダメだ。やることなすこと最悪の状態！　もう消えてしまいたい」と考えるのが通常でしょう。しかし、徹底的に落ち込むと、人は浮かび上がります。

そして、あるときに「どん底という最低最悪の場所にいるということは、見方を変えれば、それ以下はないということだ」ということに気付きます。

どん底というのは一番下ということです。一番下にいるということは、あとはどうみても上昇するしかありません。

つまり、「この苦しみは長くは続かない。そのうち必ずプラスになる」ということです。何もかもうまくいかないときは、「どん底を過ぎれば、これから先はどんどんいいことが起こってくるに違いない」と自分に言い聞かせましょう。

決して卑屈になってはいけません。「どうせ私なんか、ダメな人間だわ」などと憂うつになっていると、どん底から抜け出すことが難しくなります。

マイナスの出来事が続くと、「いいことなんて長くは続かない」と考えがちですが、逆に考えると、「悪いことも長くは続かない」のです。

心の強い人は、どん底の時期に楽天的な考え方をして乗り越えています。

ということは、どん底の時期は、心を鍛える絶好のチャンスととらえることもできるのです。

27 「苦しいのは自分だけじゃない」と気付く

「毎日サービス残業をしているのに、いっこうにお給料が上がらない。いっそのこと、適当な相手と結婚して退職してしまおうかな」

「同じように仕事しているのに、男性の社員のほうが優遇されている。女性だからといって低く見られるのは納得がいかない」

このように、何かにつけて不満ばかり言っている人がいます。

そのような人には、自分の胸にこう聞いてみてほしいと思います。

「自分は恵まれていないのは本当だろうか？　他の人はどうなんだろうか？」

そうすると、たいていの人は、「考えてみれば、苦しいのは自分だけじゃないんだ」ということに気付くはずです。

現在の日本は不況といわれていますが、それでもお金の面から考えたら、明日の生活ができなくなるほど困っている人はそう多くはないのが現実です。

独身で働いている女性なら、たとえお給料がアップしなくても、海外旅行のひとつくらい行けるでしょう。レストランで食事したり、映画を見たりすることも難しいことではありません。趣味の習い事にもお金をかけることができます。

一方、結婚している女性は、自分のためにお金も時間も使うことが難しいといえます。旦那さんのために食事を作ったり、家事をすることで家を守らなければなりません。仕事をしていれば、お金はあるでしょうが、家を購入すればローンの返済が大変です。ましてや、子どもを産むことを考えたら、教育費など余計にお金が必要になります。

また、男性は一見優遇されているように見えますが、男性には男性の苦労があります。男性はそう簡単に仕事を辞めることはできません。

特に結婚する意志のある男性、家族を養っている男性は、「自分が稼がなくては、家族が路頭に迷う」という責任感があるので大変です。つらい仕事に耐えて、遠方への転勤などの会社の命令にも従わざるを得ないのです。

自分だけが苦しいと思っていると、心にはマイナスのエネルギーが増える一方です。不満が溜まったときは、「他の人はどうなんだろう」と想像力を広げてみると、他の人も大変だとわかり、被害者意識から抜け出すことができるでしょう。

28

淋しいときは、夢中になれることを探すチャンス

心が折れやすい人は、友達や恋人、家族などの身近な人に依存する生き方をしてしまいがちです。

「彼氏にいつも優しくしてもらえないと、不安になってしまう」

「友達と毎日会っていないと、淋しい気持ちで一杯になる」

依存心とは、簡単にいうと「誰かに幸せにしてもらいたい」という他力本願な気持ちのことです。

この気持ちが強いと、周りはその人の存在を負担に感じてしまい、「付き合いにくい人」というレッテルを貼られてしまいます。

依存心の根っこにあるのは、「淋しい」という孤独感です。

男性よりも女性のほうが依存的な生き方をする人が多いため、一人でいることに心細さを感じる人も多くいます。

当然のことながら、孤独な気持ちは心に悪い影響をもたらします。

最近、うつ病の人が増えていますが、その原因は孤独感だと指摘する専門家がいるくら

いです。

一度、淋しい気持ちに拍車がかかると、心にはどんどんマイナスのエネルギーが増えて、つらくなります。

ですから、「淋しいな」と感じたときには、温泉に行ったり美味しいものでも食べて、サッと気持ちを切り替えるようにしましょう。

どうしても淋しくてたまらないときは、「夢中になれることを探すチャンスだ」と思って、趣味でも何でもいいので、心から楽しめることを探してみましょう。

友達と毎日会えなくて淋しいと言っていたある女性は、外国の小説を図書館から借りてきて読みふけると、孤独な気持ちがいつの間にか消えているといいます

孤独感を楽しみというプラス感情に変えることができると、「誰かと一緒にいないと淋しくて泣きたくなる」というような依存体質からも抜け出せます。

依存体質から抜け出せば、心にマイナスのエネルギーが増えることも防げるのです。

29 厳しいことを言われ精神的に強くなれる

職場内において、多かれ少なかれ「パワハラ※」は見られます。

ただ人間関係が複雑になるためか、パワハラされても騒ぎ立てずに、じっと我慢して耐えている人が大半です。

職場というのは、いわゆる弱肉強食の世界で、どうしても弱いほうがパワハラされてしまう傾向にあります。

だからといって、パワハラされたときに、「パワハラされる自分が悪いんだ」と自分を責めてはいけません。

「パワハラ」では、間違いなくパワハラするほうが悪いのです。他人をパワハラする人は、嫉妬やねたみという悪いエネルギーに満たされています。そういう意味では、パワハラする人は心の弱い人ともいえるのです。

おとなしい性格のある女性は、職場の上司（女性）にパワハラされていました。

上司は、数人のチームで作成した書類にミスがあったときは、決まって彼女に責任を押し付けます。

「あなたは他の人より仕事が雑だから、このミスもあなたのせいに決まっている」

そう強く言われると、おとなしい彼女は「わかりました。早急に書類を直します」と受け入れることしかできません。心の中では「なんで私がパワハラされるのだろう……」と悲しい気持ちで一杯でした。

彼女はあるときまで、会社を辞めることを考えていたのですが、ある日、「意地悪な上司のために、せっかくの仕事を辞めるなんておかしい」と思い、次のように考え直しました。

「これを機に、他人の意地悪を気にしない自分になろう。気の弱い自分の性格を鍛えるいいチャンスだ」

意地悪な上司に対してきちんと自分の意見を伝えるようにしたら、彼女は自分に自信を持てるようになり、上司に対するストレスも減っていきました。

このように、自分にとっての逆境が、自分を成長させる機会になることがあります。

※パワハラ（パワーハラスメント）：同じ職場で働く者に対して、職務上の地位や人間関係などの職場内の優位性を背景に、業務の適正な範囲を超えて、精神的・身体的苦痛を与える、または職場環境を悪化させる行為。

30 小さなマイナスのおかげで大きなマイナスが防げる

会社員のある女性は、小さいときから他の子よりも体が弱い子どもでした。

彼女は「ちょっと寒いだけですぐ風邪をひいてしまうので、急に仕事を休んで職場に迷惑をかけてしまうことがあります。あと、消化の悪い食べ物を食べると胃腸が重くなってしまい、丸一日食べ物を受け付けなくなってしまいます。だから、仕事で飲む機会があるときは憂うつなんです」と悩んでいます。

彼女は、仕事はいたって真面目にしているのに、体の調子が優れないばかりに、他の同僚に対して引け目を感じていました。

そして、ときどき「会社に迷惑をかけ続けるくらいなら、辞めたほうがいいかな」と深刻に考えてしまいます。

そんなとき、ある東洋医学の本に出会いました。

その本には、彼女のように病気ではないけど、何らかの原因で体調が悪い人が、どうすれば日常生活を快適に送れるかということが具体的に書かれていました。

「体は風邪をひくことで、『休ませたほうがいい』というサインを出しています。風邪をひくことでちょくちょく体を休ませることができます」

「余分に食べないことで、胃腸を回復させることができます。つまり、体調が敏感な人ほど大病になりにくいのです」

これを読んだ彼女は、「この弱い体は、私のことを大病から守ってくれていたんだ」と感じました。そして、それまではイヤだった自分の体質に感謝できるようになりました。

それからというもの、体調は相変わらずですが、以前のように落ち込むことがなくなり、仕事にも積極的に取り組めるようになったそうです。

心もこれと同じです。

どうしても我慢できなくて泣いてしまったときは、「泣き虫の自分」を責めるのではなく、「今、こうして涙を流すことで、心の中のマイナスのエネルギーを放出することができているんだ」と考えましょう。

そのように、悲しい気持ちを肯定的にとらえることができれば、マイナスの気持ちがそれ以上、大きくなることはありません。

第4章

目の前の幸せに気付く

31 「八割できればよし」と考える

傷つきやすい人が、心を強くするために、いろいろな方法を試すときに注意してほしいことがあります。

それは、完璧を求めすぎないということです。

「八割できればよし」というくらいの心持ちで十分です。

心の強い人は、いい意味で「いい加減」です。

「いい加減」というと、「完璧」や「パーフェクト」という意味の反対語として、マイナスのイメージを持つ言葉だととらえられがちです。

確かに、何をするときも完璧を好む人にとっては、「いい加減」は憎むべきものかもしれません。時と場合によっては、失敗が許されない完璧な状態でなければいけないこともあります。

しかし、心の状態に関しては、ある程度は「いい加減」であるほうが、結果的に心を強くすることができるのです。

心の状態は日々変化します。昨日はプラスのエネルギーが多くあったのに、今日はイヤなことがあって、マイナスのエネルギーが増えてしまったという具合です。

これは心が弱い人、強い人、誰にでも関係なく起こることです。

それなのに、少し心がマイナスに乱れただけで、自分を責めるようだと、いつまでたっても心にはプラスのエネルギーが増えていきません。

これは、他人に対しても同じです。

ある女性は、仕事中にすぐに手抜きをする同僚を見ると、イライラしていました。

でも、その同僚をよく観察してみると、実は締め切りまでには仕事をきちんと終わらせていることに気付きました。

それを見て、「やり方は独特だけど、周りに迷惑をかけているわけじゃないからいいか」と考えるようにしたところ、ストレスが減り、同僚ともうまく付き合えるようになったのです。

細かいことを気にするより、「できた」ことに目を向けて、喜びましょう。完璧でなくても、別にいいのです。

32 今いる環境に満足して生きる

「今の家は駅からも遠くて、間取りも狭い。引っ越ししたいけど、費用がない」
「今の職場は雰囲気が悪い。上司にも尊敬できる人がいなくて、がっかりする」
「今の彼氏は、いつも仕事や友達の約束ばかり優先するから、別れたくなるときがある」

これらの答えは、「今の環境に満足していますか？」という質問に対して、寄せられた言葉です。

何かにつけて、不満ばかり口にする人がいます。

不満を言うことで、心の中のマイナスエネルギーを一時的にも発散したいからなのでしょう。しかし、実際は、不満を言っても、文句の原因がなくなることはありません。

それどころか、不満を口にすることで、その不満の種を強く意識してしまい、かえって心の中にマイナス感情が溜まっていくという悪循環を起こしてしまいます。

そのため、日頃から不満を感じやすい人は、心が弱くなりがちです。

一方、心の強い人は、現状に不満があっても、多少のことには目をつぶり、心の底で「十分に満足だ」という気持ちを持って生きています。

「今の家は、駅からは遠いけど、その分周りに自然が多い。それに、駅まで歩くことで運動にもなっている。だからお金がある程度貯まるまでは、このままでいい」

「今の職場は、雰囲気はあまりよくないけど、上司は尊敬はできないけど、あまり厳しい人ではないから、マイペースで仕事ができていい」

「今の彼氏はちょっと頼りないけど、仕事も友人も大切にする人。それに彼氏に縛られない時間で自分の好きなことができる」

　このように、同じ状況でも根底に満足感があると、環境をプラスにとらえることができるのです。

「幸福人とは、過去の自分の生涯から満足だけを記憶している人々であり、不幸人とは、それの反対を記憶している人々である」と大正時代の詩人である萩原朔太郎も述べています。

「今の状況」の中にプラスの面を見つけて、「私の生活はそう悪くない」と考えてみてください。それだけで、心にはプラスのエネルギーが増えていきます。

33 過去のつらい思い出を忘れる

誰にとっても、思い出は財産です。

子どもの頃に家族で旅行に出かけて楽しかったこと、学生時代に部活動で努力して優秀な成績を残したことなど、明るい思い出は、それを思い出すだけで幸せな気持ちになれるものです。

一方、思い出すだけで悲しい気分になる思い出もあります。

上司に信頼されていると思っていたのに、ある日突然リストラを申し渡された。

キャリアアップのため転職をしようとして失敗したことを、周りの人にバカにされた。

このように、思い出すと胸が苦しくなるような出来事は、考えるたびに心の中にマイナスのエネルギーを増やしてしまいます。

ですから、つらい思い出は、できるだけ忘れてしまうことをおすすめします。

心が折れやすい人は、過去のイヤなことをいつまでも覚えている傾向があります。

つらい思い出をわざわざ思い出しては、「あのとき、あんなことしなかったらよかった」、「今から思えばバカなことをした」と後悔の気持ちを募《つの》らせているのです。

しかし、「後悔先に立たず」という言葉もあるように、過去のつらいことにクヨクヨしても、何ひとついいことはありません。

それに、誰かが何かをしてうまくいかなかったことは、その本人以外はあまり覚えていないものです。うまくいかなかったことは失敗でも過ちでもないのです。

ですから、過去のつらい思い出は、「もう思い出すのをやめる」と決めましょう。

そして、「これから先はいい思い出をつくっていこう」と願い、前向きに生きましょう。

そうすれば、きっといいことが起きます。

電球を発明したエジソンは、広い意味では成功者といえる人物です。彼の素晴らしい功績は誰からも賞賛されていますが、その電球を開発するまでには莫大な数の失敗がありました。

もしエジソンが失敗を「つらい思い出」として記憶していたら、途中で実験をやめてしまっていたかもしれません。

そう考えると、いつまでも過去の思い出にしがみつくのは損だということがわかります。

34 過去にとらわれず、今を生きる

「過去のつらい思い出は忘れたほうがトク」と述べました。

実は、過去のつらい思い出だけでなく、ステキな思い出でも、縛られすぎると、心の強さを失うこともあります。

ある女性は、教育熱心な両親の元、幼稚園のときから、ピアノやバレエ、書道などの習い事をたくさんしていました。

当時は周りに習い事をしている子が少なかったため、ピアノのコンクールで優勝したり、バレエをやっているため運動神経がよかったりと、彼女は何かにつけて目立つ存在でした。

その上、努力家で勉強も一生懸命していたため、高校受験でも名門といわれる女子校に合格することができました。

聡明な彼女は、「頭が良い上に美人で羨ましい」、「私もあなたのように、何でもできる女性になりたい」などと、周りの女性の尊敬を集めました。

しかし、社会人になる頃から、周りの人の彼女への評価が下がり始めました。

彼女は周りの人にちやほやされていたせいか、自分より出来の悪い女性のことをバカにして、「私は何でもできる」と自慢話をするようになったからです。

その結果、周りから人が離れていき、まるでツキに見放されたように、何をやってもうまくいかなくなりました。彼女は、「昔はよかった。それに比べて今はなんてみじめなんだろう」と今の境遇を恨んでいます。

ステキな思い出は、楽しく思い出せれば、心にプラスのエネルギーを呼び込むことができます。しかし、その思い出のせいで誰かを傷つけたり、今のツイていない状況と比べて悲観的になったりするのなら、その思い出は害にしかなりません。

つまり、過去の思い出は幸せなことでも必要以上に執着しないことが大切なのです。

私たちが生きているのは過去ではなく、現在です。

今を一生懸命生きていれば、過去にしがみつく必要はありません。

目の前の状況をプラスにとらえ、心が喜ぶ体験を重ねることで、心は強くなるのです。

35 自分の心が喜ぶものにお金を使う

フリーターのJ子さんは、散歩中にかわいいワンピースを見つけました。

彼女は、「働く時間を増やせば、買える値段だ」と思い、自分へのご褒美に買うことにしました。そして、そのお気に入りのワンピースを着ると、気分がよくなりました。

少しだけ贅沢をしたことで「よし、これからも仕事を頑張るぞ」と働く意欲も湧き、笑顔が増えました。

一方、ＯＬのＢ子さんは、「これを着ていけば、会社の仲間に自慢できそうだ」という理由で、ワンピースを買いました。

しかし、会社に着ていくと、誰もそのワンピースのことには触れてくれなかったため、悲しい気持ちになりました。

同じワンピースを買ったのに、二人の気持ちには大きな違いがあります。

その差が生まれた原因は、「自分の満足のためにお金を使ったか」、「他人から評価を得るためにお金を使ったか」の違いにあるといえます。

心の強い人は、他人の評価をあまり気にしません。

何かを買うときも、大切なのは自分の心が嬉しいかどうかということです。

心の強い彼女たちは、

「友達も持っているから、私も欲しい」

「会社の同僚に自慢したいから買おう」

というような動機で、買い物をすることはありません。

また、お金がないのに、見栄を張るために無理をして、高価なものを買うこともありません。

お金は、いつも自分の心が喜ぶことのために使っています。そのため、買い物をするたびに心にプラスのエネルギーが増えるのです。

欲のすべてが悪いのではありません。欲そのものは、人間が本能的に持っているものです。しかし、他人にほめられたいというような、「自分ではどうしようもない欲」は、実現しない場合、ストレスの原因になり、心にマイナスのエネルギーを増やすので注意が必要です。

36 高すぎる理想は心を疲れさせる

「燃え尽き症候群」という言葉があります。

これまでガムシャラに働いていた人が、目標を達成したとたんにやる気を失って、会社に行きたくなくなる。

スポーツで優勝を目指して頑張ってきた人が、大会が終わると、次の目標を見つけられずに抜けがらのようになってしまう。

このように、これまで情熱を注いできたことに満足感や達成感を得られなくなったり、高すぎる理想と現実とのギャップにストレスを感じたりすることで、心の中のプラスのエネルギーが急激に減ってしまうことで起きてしまう心理的症状のことをいいます。

この「燃え尽き症候群」は、人一倍真面目で熱心な人がなりやすい症状で、以前は働き盛りの男性に多かったのですが、最近は女性に増えているそうです。

それだけ、現代の女性が真面目で努力家である証拠なのでしょう。

実際、真面目な人ほど「もっと頑張らなくては」、「高い理想を叶えなくては」と自分に厳しくして、真剣に悩んでいます。

しかし、その思いが強すぎると、心のバランスが崩れてきます。

その結果、「頑張れない自分はダメ人間だ」、「理想が叶わないなんて、がっかりだ」というマイナス感情に支配されて、心がどんどん疲れてくるのです。

一生懸命頑張ることも、高い理想を持つことも、とても素晴らしいことです。

でも、現実は、一生懸命働いていても、成果がなかなか出ないこともあります。

何から何まで理想通りに物事が運ぶことも、そうありません。

ですから、「人生は理想通りに進むこともあれば、現実の厳しさに苦しむこともある」ということを理解することが大切です。

心を強くするためには、思ったように満足感が得られなくても、理想通りにいかなくても、「まあ、いいか」と現実を受け入れることも必要です。

心に大きなダメージを受けないためにも、理想も「ほどほど」がちょうどいいのです。

37 自分のバイオリズムを知っておく

女性は感情の豊かな人が多いため、男性よりも感情の起伏が激しいといわれています。そのため、気分がいいときは何でも調子よくできるのに、そうでないときは、わけもなく泣きたくなったり、どうしようもなく落ち込んでしまったりということも珍しくありません。

このような気分の浮き沈みは、心の強さには関係なく、誰にでもあるものです。

ただ、心の強い人は、「自分がどんな状態のときに、心が弱くなるのか」というパターンをあらかじめ知っていて、調子が優れないときは、ゆっくり休むなり、静かに過ごすなりして、上手に乗り切っているのです。

R子さんという事務員の女性は、「雨が降っているときに、体も心も不安定になりやすい」というバイオリズムのパターンを持っていました。

そのため、天気予報をチェックするのを習慣にしていて、雨の日は残業もせず、友達と遊ぶ約束もせずに、まっすぐ自宅に帰って、のんびり過ごすことを優先しているそうです。

「雨の日にしっかり休んでいると、翌日には元気が戻ってくるんです」

心身ともに不安定なときに、無理をしないようにしてから、R子さんは人間関係での失敗が減り、体調もよくなったといいます。

また、デパートに勤めるS子さんは、「カフェインが入っている飲み物を飲みすぎると体調が悪くなる」というパターンを持っています。

元来、コーヒーや紅茶が大好きなのですが、一日に二杯以上飲むと、なんとなく体がだるくなり、気持ちも落ち込みやすくなるのです。

それからというもの、普段はカフェインの入っていないハーブティーやミネラルウォーターを飲み、コーヒーや紅茶は外食するときだけ飲むことにしているそうです。

このように、自分の体調のクセやバイオリズムを把握しておくと、心にマイナスのエネルギーが増えてしまうことを防げます。

調子がいいときは頑張って、そうでないときは何もしないで過ごすというバランス感覚を持つことが、安定した心の強さを保つことにつながります。

38
迷いながら進めばいい

今の世の中は、「スピードの速い人」を好む傾向にあります。

要領がよくて、仕事をスピーディーに片付けることができる人や、何かを決めるときにパッと結論が出せるような人は、仕事ができそうという印象を持たれるものです。

反対に、人よりも判断のスピードが遅い人は、自分のことを責めてしまうこともあるようです。

OLのF子さんは、社内でもマイペースで評判の女性です。

勤務態度は真面目で能力も高いのですが、マイペースなので他の同僚よりも仕事の進みが遅いことがあります。また、ランチに行ったときに「何を食べるか?」ということで延々と悩むため、周りの人を困らせることもありました。

そんなF子さんは、「私はノロマで、いつもクヨクヨと迷ってばかりで、イヤになる」と、何かを迷うたびに、決断力のない自分を情けなく思い、落ち込んでいました。

ある日、F子さんは「マイペースで決断力のない自分を変えたい」と決意し、別の部署の先輩に相談を持ちかけました。

すると、意外な答えが返ってきました。

「私だって日々いろんなことに迷っているんですよ。決めた後で、『本当にこっちでよかったのかな？』と不安になることもしょっちゅうです。だけど、『自分で決めたことだから大丈夫』と考えるようにしているんです。

それに、私は判断が遅いことを悪いことだと思いませんよ。実際、Ｆ子さんは人よりゆっくりだけど、仕事のミスが少なくて、助かっているんですよ」

Ｆ子さんは、先輩が自分の欠点をそんなふうに見ていてくれたと知り、驚きました。

しかし、それ以上に、完璧に見える先輩が、「迷うこともあるし、不安になることもある」ということがとても意外でした。

そして、それ以来、Ｆ子さんは少しだけ、決断が速くなりました。

先輩の話を聞いてから「まだ少し迷いはあるけど、思い切って決断しよう」という気持ちを持てるようになったのです。

強い自分になりたいと思ったとき、行動のスピードは人それぞれです。少しずつでも前に進んでいければ、それでいいのです。

39 「解決できない問題もある」と割り切る

人生にはさまざまな問題が起きるものです。その中には、自分の力ではどうすることもできないこともあります。

Y子さんは、恋愛関係のもつれで、仲のいい女友達同士がいがみ合っていることを知り、なんとか仲直りさせようとあれこれと手を尽くしました。

お互いの不満を話し合う場をつくったり、両者の言い分を聞いてあげたりしましたが、二人とも「もうあの人とは仲良くできない」と譲りません。

結局、その二人は絶交してしまいました。

Y子さんは、「どちらか一人と仲良くすると、もう一人の友達に申し訳ない」と思うようになり、その二人とは疎遠になってしまいました。

彼女は、「ケンカの原因になった男性が悪い」と自分たちの友情を壊した男性を恨み、「もっと自分が上手に二人を取り持ってあげれば、こんなことにはならなかったかもしれない……」と自分を責めたりしました。

そんなとき、いつも元気な先輩から、

「世の中には自分の力ではどうしようもないこともあるのよ。いつまでも過去のことをクヨクヨしないで、楽しく過ごしましょうよ」

と声をかけられました。

その一言をきっかけに、彼女は気持ちを切り替えることができました。

この彼女のような事態は、誰の身にも起こることです。

問題を解決することにベストを尽くしたけど、結局解決できなかった。このときに、私たちは「解決できなかったこと」に意識を向けて、暗い気持ちになってしまいます。

しかし、彼女の問題は、彼女自身の問題ではなく、二人の友人の問題です。

その二人が「仲良くできない」と思っている限り、彼女が動いたところで、解決には向かわないのです。

解決できない問題にこだわりすぎると、時間もムダになり、心も消耗してしまいます。

そんなときは、積極的にかかわることはせず、トラブルが収まることを願うだけでいいのです。

心を強くするためには、「どうにもならないこともある」と知ることも必要です。

40 失うものもあれば、得るものもある

人には、「一度手に入れたものは手放したくない」という心理があります。

「この立場を手に入れるまで、本当に大変だった」、「これを手に入れるために努力していた」という気持ちが強いほど、手放すことが惜しくなります。

苦労して手に入れたものが離れていきそうになると、「これ以上にいいものは、きっともう二度と手に入らない」と悲しい気持ちになり、心は沈みます。

しかし、離れていくものに執着すれば、心にはマイナスのエネルギーが増えて、結果的に自分が不幸になってしまいます。

そうならないためには、「手放す代わりに、何が得られるか」ということを考えてみるといいでしょう。

ある女性は、彼氏が浮気性なことに悩んでいました。

彼女は、その男性がずっと好きで、苦労して両思いになれたので、絶対に別れたくないと思っていました。

しかし、彼女はその彼と付き合い出してから、浮気を知るたびに泣いてばかりで、心に

はどんどんマイナスのエネルギーが増えていきました。

優しかった彼女は、今ではちょっとしたことで怒ったり泣いたりして、情緒不安定な状態になりました。

本当は彼女も、その恋人とは別れたほうがいいとわかっているのです。しかし、苦労して振り向かせた過去があるので、失うのがもったいないという思いもありました。

そんな彼女でしたが、子どもの頃からの親友が、涙を流して自分のことを心配してくれる様子を見て、その男性との別れを決意できました。

すると、泣いてばかりいた日々がウソのように、気持ちが晴れやかになったのです。

毎日笑って、心にプラスのエネルギーを増やした彼女は、半年後、前の彼よりずっと優しい新しい恋人ができました。

「捨てる神あれば拾う神あり」という言葉もあるように、世の中は何かを手放せば、代わりに新しいものを得られるようにできています。

自分の心をマイナスにする原因がわかっているなら、それを手放しましょう。

勇気を出した分だけ、新しい何かが手に入ります。

第5章

今の自分を好きになる

41 自分を好きでいるだけで、心は強くなる

「コンプレックスばかりで、自分に自信が持てない」

「私には何ひとついいところがない……」

普段から、こんなふうに考えていると、心の中にはどんどんマイナスのエネルギーが増えていきます。

当たり前のことですが、自分自身とは死ぬまで、いつでもどこでも一緒に過ごさなくてはなりません。

嫌いな上司や友達がいたとしても、常にその人と一緒にいるわけではありません。離れているときは、「嫌い」というマイナス感情はあまり気にならないでしょう。

しかし、自分のことを嫌いな場合は、絶えず「嫌い」という感情と付き合わなくてはなりません。そのため、心の中のマイナスのエネルギーは膨大な量になってしまいます。

自信がない人は、心の中にあるマイナスのエネルギーがマイナスの出来事を引き寄せて、ますます自信がなくなるという悪循環に陥りがちです。

そこから抜け出すには、自分を好きになることが大切です。

自分を嫌いなままでは、どんなにプラスのエネルギーを心に増やそうとしても、すぐにそれより大きなマイナスのエネルギーに打ち消されてしまいます。

「自分が好き」と感じられるようになると、生きることが楽になります。

鏡を見るたびに、好きな自分の顔が映るのですから、心にはどんどんプラスのエネルギーが増えていくのは当然です。

心にプラスのエネルギーが増えれば、落ち込みにくい性格になり、笑顔でいられる時間が増えていきます。

「昨日より今日のほうが、自分のことが好き。明日はもっと好きになれそう」と思えるようになればいいのです。

自分を好きになるのに、特別な技術はいりません。

少しずつでもかまいません。自分のことを好きになることができたら、その分だけ心は強くなります。

42 心に積もったマイナスの感情を吐き出す

「どうしても自分を好きになれそうもない」という人がいます。

「今までの人生を振り返ってみても、不幸と失敗の連続だった」、「人からほめられた経験がほとんどない」というような人が、自信を持てず、自分のことを嫌いになってしまうのは、やむを得ないことかもしれません。

しかし、そんな人にこそ、自分自身の良さを認めてほしいのです。

ずっと自分を責め続けてきた人は、マイナスのエネルギーが心の中にガチガチに固まっているため、プラスのエネルギーが外から入ってきても、すぐに打ち消してしまいます。

その結果、心は常にマイナスの状態になり、何をしてもうまくいかないという悪循環に陥ってしまうのです。

その悪循環を止めるためには、一度ネガティブな感情をすべて吐き出してしまうことが必要です。

複雑な家庭で育ったあるOLの女性は、内気な性格で、どこに勤めても人間関係がうまくいきませんでした。

彼女は「内気な自分を卒業して、心を強くしたい」と願っているのですが、幼い頃に両親がケンカばかりしていたのを見ていたせいか、人間関係をよくする方法がわかりません。

そんなときに知ったのが、人間関係に悩む人をサポートするボランティア団体でした。

彼女は勇気を出して、その団体のカウンセラーに相談してみることにしました。

カウンセラーは、彼女の話にじっくり耳を傾けてくれました。

彼女はカウンセラーの前で、これまで口に出したことのなかった両親への恨みや、どこへいっても人間関係がうまくいかない自分への怒りを吐き出しました。

話しているときは涙がポロポロ出ましたが、すべて話し終わる頃には心がさっぱりと軽くなっていることに気付きました。

心に積み重なったマイナスの感情をそのままにしているという人は、思い切ってその感情を手放すためのアクションを始めてみましょう。

幸せになるためのデトックスという目的を持って口にするマイナスの言葉は、誰かを傷つける悪口などとは違い、心にマイナスのエネルギーを増やすことはありません。

自分と同じような境遇を経て、今は幸せな人に話を聞いてもらうのも、いい方法です。

43 みんなと同じことをしなくてもいい

社内でちょっと変わった発想をしていたり、周りの人とは違った行動をしたり、珍しい趣味を持っていたりすると、「あの人、変わっているよね」と陰口を言われ、「変人」というレッテルを貼られてしまうことさえあります。

これにはきちんとした理由があります。

みんな同じでいたいという心理が働くからです。ちょっとでも違う考えや行動をする人を認めたくないのです。

特に日本の社会ではこの傾向が強く、すべての人にみんなと同じことをしてもらわないと不安だという人が多いのです。

「会社の休み時間に、同僚は皆、高価なランチを食べたがるけど、私は節約したいから自分でお弁当を作りたい。でも、そんなことを言うと仲間ハズレにされそうで怖い」

「周りの仲間で恋人がいるのは私だけ。他の子たちが彼氏をつくるために合コンに参加しているうちに、その他の遊びのときも誘われなくなってしまった」

このように、人と違うことをしたいときや仲間に入れてもらえないとき、たいていの人は傷つきます。

そして、できるだけみんなに合わせて、仲良くしようと努力しようとします。

しかし、本当にそれでいいのでしょうか？　いつもいつも自分の本音を押し殺して、他人に合わせて行動しているとき、心にはプラスのエネルギーが増えるでしょうか？

心の強い人は、周りの人に無理に自分を合わせようとしません。

「節約したい」、「自分でお弁当を作りたい」というはっきりした意志があるとき、無理に高価なランチに行くことはしません。

周囲の人が自分のことをどんな目で見ても、「私はこれがしたいんだから、それでいい」と割り切ります。

「みんなちがって、みんないい」と詩人の金子みすゞは言いました。

自分の気持ちにウソをついたり、自分が悪くないのに卑屈になったりしていると、自分が嫌いになってしまいます。みんなと違う行動をしたいとき、「いつもみんなと同じことをしなくてもいい」と思っていれば、周りに振り回されて、心にマイナスのエネルギーが増えることを防げます。

44 遠慮と我慢をやめてみる

自分を好きになれない人は、人付き合いが苦手なことが多いようです。

そういう人たちの人付き合いの様子を見ていると、次の二つの特徴があることに気付きます。

それは、「遠慮しすぎている」、「我慢しすぎている」ということです。

日本人にとって、我慢強いという性格はほめられることであり、遠慮は美徳です。

しかし、遠慮や我慢をしすぎてしまうと、心にマイナスのエネルギーを増やすことにつながります。

たとえば、友達があなたを喜ばせようと、地元で美味しいと評判のお店のケーキを買ってきてくれたとしましょう。

そのとき、「わあ、美味しそう。このお店のケーキ、ずっと食べてみたかった」という気持ちと「気を使わせてしまって、申し訳ない」という気持ちが同時に湧いてきたとしたら、相手にどう伝えますか。

「ありがとう！　このお店のケーキ、ずっと食べてみたかったの。一緒に食べましょう」

と素直に言えるなら、相手も自分もハッピーな気持ちになれます。

しかし、「こんなステキなケーキ、私にはもったいないから遠慮するわ」などと言ってしまった場合、その場の空気は一気にしらけてしまうでしょう。

友達は「喜ばせたい」というプラスの気持ちでいるのに、それを素直に受け止められず、遠慮してしまうと、相手は拒絶されたと感じて、悲しい気持ちになります。

遠慮したほうも、本心では「食べたい」という気持ちがあるのに我慢しているのですから、欲求不満になり、心にはマイナスのエネルギーが増えてしまいます。

つまり、必要以上の遠慮と我慢は誰も幸せにはしないのです。

心を強くするためには、本当に欲しいものを欲しい、好きなものを好きと言えるようになることが大切です。

自分が遠慮や我慢しなくても、何の問題も起きないということに気付いてください。

自分の本心に耳を傾けて、自分の心が喜ぶことをしてあげてください。

45

自分の性格を好きになる

「自分の性格が嫌い。こんな性格を変えたい」と悩んでいる人がいます。

当然ですが、自分の性格も自分の大切な一部なので、「自分の性格が嫌い」という人で、自分のことを好きな人はほとんどいません。

しかし、性格というのは、その人が生まれながらにして持っている個性です。

ですから、性格はそう簡単に変わりませんし、性格を変えようとすると相当な努力をしなければなりません。

それならば、性格を変えようとするよりも、自分の性格を好きになる努力をしたほうが、もっと楽に「自分が好き」と思えるようになります。

物事は、表から見るのと裏から見るのとで、意味が大きく変わってきます。

たとえば、「自分をアピールするのが下手」という性格は、プラスの方向で考えると、「でしゃばらない控えめな性格」ととらえることができます。

「優柔不断」でなかなか決断できないという性格も、別の見方をすれば、「慎重で大きな失敗をしにくい」と考えることができます。

「飽きっぽくて、ひとつのことが長続きしない」という性格は、「次々と新しいことに興味を持つ、好奇心が旺盛な性格」と考えることができます。

「いちいち小さいことが気になる神経質」という性格は、「繊細で、細かいところまでよく気がつく性格」だといえます。

このように、ひとつの事実の見方を変えて、違う意味付けをすることを「リフレーミング」といいます。

リフレーミングを使うと、今まで「嫌い」だと思っていた自分の性格が、実は魅力的なものだったと気付くことができます。

実際に、自分では欠点と思っている部分が、他人から見ればステキに見えることはよくあります。受け止め方を変えるだけで、心のエネルギーはマイナスからプラスへと変わるのです。

少しくらいこじつけでもかまいません。大切なのは、自分のことを好きになることです。人の性格は、その本人が思っているより、ずっと素晴らしい価値があるのです。「変える」よりも、個性を生かしていくほうが、心は強くなります。

46

自分で自分をほめる

自分で自分をほめることができる人は、心の強い人です。

「今日は、いつもよりたくさんの仕事があったけど、定時までに終えることができた。以前より仕事ができるようになったかもしれない。よく頑張った！」

「つらいことがあると、いつもは彼氏に八つ当たりしてしまうのに、今日は優しくできたから、よかった！」

このように、自分に対して「頑張ったね」、「よかったね」というプラスの言葉をかけていると、「自分は価値のある人間」というプラスの感情が心に増えるため、心は強くなっていきます。

ですから、毎日の出来事の中から、頑張った自分を思い出して、ほめてあげる習慣を持ちましょう。

こういうと、「自分をほめるところが見つからない」と思う人もいるかもしれません。

確かに、自分のことが嫌いな人や自分に厳しい人は、自分をほめることに抵抗感や空々しさを感じてしまうことがあります。

しかし、そこを何とか乗り越えてください。

最初のうちは、「はいはい、よく頑張ったね」とお世辞を言うつもりでかまいません。心が伴っていなくても、形だけできるようになれば、ほめ言葉の効果は十分にあります。

大人になれば、周りからほめられることが少なくなってきます。

それどころか、非難されたり、けなされたりすることのほうが多い場合もあります。

「周りの人にほめられたい」と期待していても、難しいのが現実です。

それなら、「人にほめてもらわなくても、自分で自分をほめてあげる」ことは、ちっとも恥ずかしいことではありません。むしろ、自分に対する優しさともいえるでしょう。

自分をほめることで、心にプラスのエネルギーを蓄えている人は、人から意地悪されても、理不尽な理由で怒られたりしても、ちょっとやそっとのことでは傷つきません。

何を言われても、「あの人は私のことをわかっていないな」、「本当の私は、ダメな人間ではないから気にしない」と軽く受け流すことができるのです。

47

欠点にとらわれず、長所を伸ばす

誰にでも、長所があります。

しかし、自分のことが嫌いな人は、自分の長所を素直に認めることができません。

それどころか、欠点ばかりを気にして「私は人に誇れることがない」と嘆いています。

これでは、どんどん心の強さが失われて、心は常にマイナスのエネルギーで満たされる状態になってしまいます。

たくさんの人を見てきて思うのですが、自分が好きな人と自分が嫌いな人は、実際のところ、長所の数も欠点の数もさほど変わりません。

違うのは、本人が自分のことをどう考えているのかという、気持ちだけです。

自分を好きな人は、「私には長所も短所もあるけど、それでいい」といったように、自分自身のすべてを肯定しています。そして、必要以上に欠点にとらわれず、長所を伸ばしていくことに意識を向けています。

ある女優さんがこんなことを言っていました。

「私は、他の女優さんのように、容姿もスタイルもよくありません。だから、自分の得意な発声練習や演技の勉強に集中しました。そのおかげで、どんな役でもこなせるようになりました」

女優という仕事は、一般的に容姿やスタイルが重視される職業です。

しかし、この女優さんは、自分の欠点を補えるくらい、長所を伸ばしていきました。その結果、演技派女優として、ドラマや映画の出演依頼が絶えない状態になったそうです。

このように、自分のできることを徹底的に伸ばしていけば、欠点など、ささいな問題でしかなくなります。

自分が嫌いな人でも、本当は自分の長所に気付いているものです。

でも、自分の長所を受け入れようとすると、「調子に乗るな」というような否定の気持ちが湧いてきて、結局、自分を好きではない状態を続けてしまうのです。

大切なのは、そのときに、自分を否定しようとする気持ちに、打ち勝つということです。

「心が弱っているときに、自分の長所を思い出すと、「私だって捨てたものじゃない」と思えるようになります。自分の長所を伸ばしていくことは、自分を好きになること、そして心を強くすることにつながります。

48 自分の得意なことに打ち込む

自分の得意なことに打ち込む時間をつくることは、心を強くする効果があります。

自分の得意なことをしていると、心の中はプラスのエネルギーで一杯になります。

我を忘れて夢中になるうちに、心の中にあるマイナス感情を追い出すこともできるのです。

誰でも、好きなことだけをして生きていきたいと思うものです。しかし、現実にはそうはいきません。

ですから、ストレスに負けないためにも、職場以外の日常生活の中で、意識的に得意なことに打ち込む時間を持ってほしいと思います。

専門学校に通うT子さんは、お菓子作りを趣味にしています。ケーキやタルト、ゼリーまで洋菓子なら一通り作ることができます。

彼女がお菓子作りに目覚めたのは、失恋して、心にぽっかり穴が空いたような精神状態になったときでした。

「一人でいるとヒマで、彼のことを思い出してしまうから、お菓子教室にでも通って気分転換をしよう……」という気持ちでお菓子の教室に通い始めたら、あっという間に洋菓子の魅力のとりこになったのです。

今では、職場にお菓子を差し入れしたり、自宅に友達を招待してお菓子のパーティを開催するまでになりました。

周りの人も、「T子さんのお菓子はどれもおいしい」とほめてくれます。みんなに喜んでもらううちに、T子さんは以前よりも自分のことを好きになったといいます。

人が夢中になれるほど好きなことをしているとき、心にはすごい勢いでプラスのエネルギーがつくられています。

ですから、打ち込めるものを見つけて、日常生活に取り入れることは、心を鍛えるためにはとても有効なのです。

ここで注意してほしいのは、お酒やギャンブル、買い物など、一時的な快感を得られることを趣味にしないことです。そのような趣味は、一瞬だけ楽しくても、そのあとで虚しい気持ちを感じることになり、逆効果になるからです。

49

二十四時間以内にあった「いいこと」を探す

自分が嫌いな人は、「今日もまた失敗してしまった」、「イヤなことばかりだった」というふうに、悪い出来事ばかりを数えるクセがついています。

しかし、そんなマイナス思考の人の元にも、「いいこと」は確実に訪れています。

ただ、「自分にはいいことなんて、起こるはずがない」という思い込みがあるため、「いいこと」が目の前に起こっても、「いいこと」と気付かないのです。

もしくは、臨時収入があったとか、道端で偶然好きな有名人に会ったといったような、大きなことでないと、「いいこと」と認められないのです。

一方、自分のことが好きな人というのは、毎日の生活の中で、「いいこと」を見つける回数が多くあります。

「今日は、髪がサラサラで調子がいい」

「お風呂の中に、入浴剤を入れてみたら、とてもいい香りだった」

「会社に行く途中で、ステキな花屋さんを見つけた」

このように、自分の心がハッピーだと感じたことが、そのまま「いいこと」になります。

彼女たちにとって、「いいこと」に、大きいも小さいもありません。他人の言葉や態度を基準にすることもありません。あくまでも自分の心がプラスになれば、それが「いいこと」なのです。

「いいこと」をそのようなとらえ方で探してみると、誰にでもたくさんのいいことが見つかります。

いいことを探すのが苦手という人は、二十四時間以内にあった「いいこと」を探す、という習慣を持つことをおすすめします。できれば、日記の形式にして、毎日書いてみてください。

最初のうちは、なかなか書くことが見つかりません。

しかし、続けているうちに、だんだんと「いいこと」を探すアンテナが発達してきて、「いいこと」がいくつも思い浮かぶようになります。

そして、毎日十個以上の「いいこと」を書けるようになった頃には、「実は自分は幸せだった」と気付くのです。

毎日、「いいこと」に目を向ける習慣がつけば、心はどんどん強くなっていきます。

50 理想の自分をイメージする

「自分のこういうところがイヤなんです」と溜息をついている人に、

「では、あなたはどんな自分になりたいのですか？」

と質問すると、「うーん……」と黙り込んでしまう人が多いことに驚きます。

「自分の性格が嫌い」、「こんな自分だから、不幸なことばかり起こる」、そう思いながらも、「どんな人間になりたいか」という理想像がないのです。

彼女たちは、現在自分が置かれている状況に不満があり、そこから逃げたいと思っているだけなのでしょう。

「自分を好きになるために、自分を変えたい」と望んでいるわけではないし、そのために何か努力する気持ちもないのです。

しかし、それでは、いつまでたっても心にプラスのエネルギーは増えませんし、退屈な毎日が変わることもありません。

心理学に、「自己愛」という言葉があります。

「自己愛」とは文字通り、自分自身を大切に思う気持ちのことで、人間であれば、誰もが持っている感情です。

しかし、この自己愛が強すぎると、「自分のことが好きになれないのは、厳しく育てた母親のせい」、「自分が強くなれないのは、周りの人が優しくしてくれないから」といったように、自分の不運を誰かのせいにしてしまうことがあります。

そういう人は「自分は悪くない」という思いが根底にあるので、自分を変えるための努力をしようとしません。

彼女たちが、理想の自分をイメージできないのは、今の望まない状況を「誰かのせい」にしているからかもしれません。

自分を好きになるためには、「私を幸せにするのは自分」、「私の心を強くするのは私自身」という覚悟を持つことが必要です。

誰かのせいにしているなら、その気持ちはそろそろ手放しましょう。

「自分自身の努力で、理想の自分になる」ことを決意し、行動を始めることで、人生は大きく変わっていきます。

第6章

ストレスを溜めない人間関係のコツ

51

心を強くするための人間関係にはコツがある

「気が合わないなら、付き合わなければいい」と割り切れるほど、簡単ではないのが大人の社会です。

会社の上司と相性が悪くても、違う部署へ勝手に異動するわけにはいきません。

友達のグループでソリの合わない人がいても、その人とだけ口を聞かないわけにはいかないでしょう。

周りの人が全員、いい人ならいいのですが、世の中にはいろいろな価値観を持っている人がいて、中には気難しい人も存在します。

どうしたって人と人には相性というものがあります。

「どうも、あの人とはウマが合わない」

「あの人と一緒にいると、必要以上に気を使って、とても疲れてしまう」

と感じてしまうような人が、誰でも周りに何人かはいるものです。

こんなときに、心がナイーブな人や人間関係に苦手意識がある人は、「自分の何が悪いのだろう……」と自分を責めてしまったり、「相手が悪くて、自分は悪くないのに……」

と相手を憎んでしまったりして、心にマイナスの感情を増やします。

一方、心の強い人は、「この人とは相性があまりよくないな。でも、せっかく一緒にいるのだから、楽しい時間を過ごそう」と考えて、それなりにうまく付き合っていくことができます。

落ち込みやすい人、傷つきやすい人に、その原因を聞いてみると、ほとんどが人間関係のトラブルやストレスが原因です。

逆にいえば、人間関係のトラブルさえなくなれば、その人たちの心の中からマイナスのエネルギーが減り、毎日を楽しく過ごすことができるようになると思います。

人は、一人では生きていけません。「人間関係が苦手」という人も、ちょっとしたコツを身につけて、心の中のマイナスのエネルギーを減らしていきましょう。

52 相手が感情的になっても、張り合わない

外資系企業に勤めるY子さんは、イヤなことがあるたびに、自分に八つ当たりしてくる同僚にうんざりしていました。

「また上司に仕事のミスを怒られた。Y子さんもこの前ミスしていたのに、私のほうがこっぴどく怒られたよ。Y子さんばかりずるい」

こんな話を仕事中に延々と聞かされるので、仕事の手も止まってしまいます。

でも、Y子さんは、「うるさいよ」などと、言い返したりしません。

もちろん、内心では、「上司が仕事のミスを怒るのは、当たり前のことでしょ。それに、私だってミスしたときは怒られているのに……」と思ってはいます。

しかし、感情的になっている相手に、本音で言い返せば、トラブルが大きくなって、あとで後悔してしまうことは目に見えています。

そのため、Y子さんは本音を抑えて、嵐が過ぎ去るのを待っていたのです。

「実際、私が冷静に対応していると、相手も次第に気持ちが落ち着いてくるようです」とY子さんは言います。

これにはきちんとした理由があります。

たとえば、友達が旅行に行ったときにお土産を買ってきてくれたら、「私も何かお返ししたい」と、たいていの人は思うはずです。

これを心理学では「返報性の原理」といいます。この法則は、人付き合いにもあてはまります。

「相手が怒ってきたから、自分も怒り返した。すると、怒りが倍になって返ってきた」

これは、「もらった怒りの感情を、同じように相手にも返してやりたい」という心理が働いているから起きる現象です。

しかし、相手が怒ってきたとき、自分がちょっと我慢して、怒りを返さないようにすると、その相手はそれ以上、文句を言ってこなくなるものです。

すると、言い争いが続いたときに比べて、ストレスはずっと小さくなります。

これまで、つい相手の言葉に言い返してしまっていた、という人はY子さんのように、静かに相手の話を聞き流しましょう。相手の言葉はすぐに忘れてしまえばいいのです。

53 嫌味を言われても、軽く聞き流す

「余計な一言」を言う人はどこにでもいます。

彼女たちは、相手の気持ちを考えるのが下手なのです。

「こんなことを言ったら、相手はどう思うのか？」という配慮が足りないため、つい自分の言いたいことを優先してしまうのです。

傷つきやすい人は、そんな無神経な人の言葉にいちいち傷ついて、心を乱されてしまいがちです。

特に、心にマイナスのエネルギーが溜まっている人は、相手の言葉を悪いほうに受け取ってしまうため、ちょっとした言葉に、大きく傷ついてしまうこともあります。

自分がそういうタイプだという人は、失礼な人の言葉はサラッと聞き流して、心にマイナスの感情を増やさないようにしましょう。

たとえば、上司がこんなふうに嫌味を言ってきたとします。

「あなた、また有給休暇をとるつもりなの？　たいした仕事もしていないのに、休んでばかりじゃない。本当に近頃の若者ときたら……」

「これくらいの仕事量でまいっているようなら、この仕事には向いていないんじゃない？」

つい「余計なお世話です」と言い返したくなるようなことばかりです。

上司の嫌味の中には、「確かに図星をついているな」という意見もあるかもしれません。

だからといって、自分が悪いわけではないのに、「すみません。これからは気をつけます」と謝って、卑屈になる必要はありません。

なぜなら、この上司は、「社会人として立派になってほしい」という愛情から、このような言葉をかけているのではなくて、「なんとなく気に入らない」という嫉妬心から、嫌味を言っている可能性が高いからです。

「休み明けから、頑張ります」、「引き続き、ご指導をお願いします」といった具合に、角が立たないような返事をしておいて、笑顔で聞き流しましょう。

心を強くするためには、相手の言葉を深読みしすぎないことも大切です。

余計な言葉は聞かなかったことにしてもいいのです。それよりも、自分の心にマイナスのエネルギーを増やさないことのほうが大切です。

54

断る勇気を持つ

日常生活で、人から頼まれ事をされることがあります。

頼まれ事を引き受けてあげることは、それだけで人から喜ばれるので、とてもいいことです。しかし、中には、どうしても引き受けたくないものや、他の予定があって聞き入れることが難しい場合もあります。

そんなとき、心が弱っていると、「断るのは申し訳ない」という罪悪感に苦しんだり、「私が、多少無理すれば大丈夫だから」と無理に予定を入れてしまい、あとで苦しむことになったりします。場合によってはドタキャンせざるを得なくなり、相手に迷惑をかけることになってしまいます。

彼女たちには、「ノーを言うのはいけないこと」という思い込みがあるのです。

しかし、気乗りしないまま、頼まれ事を引き受けていると、次第に「どうして私がこんなことをしなければいけないの」という被害者のような気持ちになり、心はマイナスに傾きます。

ですから、断りたいときは、遠慮しすぎずに、「ノー」と言いましょう。

独身のある女性は、子育て中の女性が多い職場で働いています。そのためか、子どもの事情で早退や休みが頻繁になってしまう同僚の仕事を代わりにしていました。

はじめのうちは、「仕事と育児を両立している同僚のためにも、できるだけ協力してあげよう」という気持ちから、多少無理をしてでも引き受けてあげるようにしていました。

しかし、次第に頼まれる仕事量が多くなりすぎて、自分の担当業務に支障をきたすようになってしまったのです。

「このままでは自分の身が持たない」と思った彼女は、できないときは、できないと言おうと決めました。

「今日は自分の担当業務を終えてしまわないといけないから、時間がとれないんです」

「明日なら一時間ほど残業できますから、その時間内であれば引き受けます」

と理由を添えて断るようにしたら、相手もすんなり理解してくれました。これまでそのことで悩んでいたのがバカらしくなるほどでした。

このように、「断る」という選択肢を持つことで、人間関係のストレスは小さくなります。

55 「お金の貸し借りはしない」と誓う

いつの時代も、人間関係がこじれる理由のトップはお金です。

「金の切れ目が縁の切れ目」ということわざもあるように、どんなに仲のいい人同士でも、いったんお金の問題がからむと、必ずといっていいほど関係は悪くなります。

ですから、人付き合いのトラブルを防ぐなら、「お金の貸し借りはしない」と心に誓うのがいいでしょう。

団体職員のE子さんは、失業した友達のことをとても心配していました。

その友達は、たいした理由もなくリストラされたあげく、再就職先もなかなか見つからない状態で、深く落ち込んでいました。

優しいE子さんは、その友達を食事に誘ってごちそうしてあげたり、身の回りに必要なものをプレゼントしてあげたりしました。

ある日、失業中の友達が、E子さんに「お金を貸してほしい」とお願いしてきました。

E子さんは「そこまでお金に困っているんだ」と気の毒に思いましたが、心を鬼にして、こう言いました。

「申し訳ないけど、それはできない。でも、いつだって相談にも乗るし、本当に困っている時はご飯をごちそうする。お金以外のことで、私にできることはなんでもするよ。お金を貸さないのは、あなたのことを嫌いだからではないの。それはわかってほしい」

友達は涙を流しながら、

「あなたの気持ちはよくわかった。落ち込んでいないで、頑張って早く仕事を見つけるね」

と言い、これまで以上に一生懸命就職活動に励みました。

そして、無事に新しい仕事を見つけることができたのです。

二人は今でも、とても親しい間柄です。このとき、お金の貸し借りをして、もしもお金が返ってこなかったら、二人の関係はギクシャクしてしまったかもしれません。

大切な友達がお金で困っていたら、貸してあげたくなるのが人情というものです。

しかし、心の強い人は、相手のためを思えばこそ、「お金は貸さない」とはっきりと言うことができます。親切にするだけが優しさではなく、厳しくするのも愛情だと思っているからです。

いずれにしろ、お金に誠実であることが、人間関係を良好に保つ基本といえます。

56 自慢話は控える

人は誰でも、「他人によく見られたい」と思うものです。

「自己重要感」という言葉があるように、「重要な存在でありたい」、「他人に認められたい」、「他人にほめられたい」という気持ちは、私たちがごく当たり前に持っている感情なのです。

心が弱い人の中には、「自己重要感」を上手にコントロールできず、「私ってすごいでしょ」と自慢話をしたり、見栄を張ったりする人がいます。

「昨日も、男性から電話があったの。彼、私のことが大好きみたいで、しつこくて困るわ。今は仕事が忙しいから恋人をつくる気なんかないのに、なぜだか私ってモテるのよね」

「私の家は元々お金持ちで、小さい頃から欲しいものは必ず買ってもらえたし、たくさん旅行に連れていってもらえたの。だから、これといった苦労はしたことがないわ」

「この間、私だけ部長に呼ばれて食事をごちそうしてもらったの。他の社員より、私が仕事をできるから、特別扱いしてくれたのかしら」

このような自慢話は、たまに聞くならばそんなにイヤなものではありませんが、あまり何度も続くようだと、周りの人に不快感を与えます。

親切な人は、はじめのうちは「すごいね」、「羨ましいよ」と言ってくれるでしょう。

しかし、心の中では「この人は自分の自慢話しかしない人だわ」とあきれているはずです。

聞いている側は「自慢話ばかりされても、つまらない」とは忠告してくれません。

たいていの場合は、「あの人と会ってもつまらない。もう会うのはよそう」と静かに距離を置くだけです。


自慢話をする人は、そのままの自分で人から好かれる自信がないのです。そのため、「私ってすごいでしょ」とわざわざ相手に伝えて、尊敬を集めようとするのです。

しかし、自慢話はすればするほど、周囲から「あの人は自分に自信がない人だ」と思われることになります。それに、自慢話をする人は、相手の話を聞かないので、相手を楽しませることもできません。


このように、自慢話をすると、かえって自分の評価を下げることになります。

自慢話は相手の「自己重要感」を下げてしまうので、人から嫌われるからです。自慢話などせずに笑顔で生きていれば、それだけで人から好かれます。

57 苦手な人とは距離を置いて付き合う

真面目な人は、「すべての人と仲良くしなければいけない」と考えてしまうようです。

そのせいか、「この人は苦手だな」と思う人がいても、他の人と同じように、仲良く付き合おうとします。

その結果、心にストレスを増やすことになります。

率直にいって、人間と人間の距離というのは、近いほどよいというものではありません。

心理学に「ヤマアラシのジレンマ」という法則があります。

ある寒い日に、二匹のヤマアラシが、お互いに暖かくするために近付こうとしたところ、お互いの体にある針が相手を刺して、近付くことができませんでした。

だからといって、離れすぎると寒いので、何度か距離を調整するうちに、お互いを傷つけずに、お互いの体温を感じられるちょうどよい距離を見つけられた、という話がもとになっています。

この二匹のヤマアラシの関係は、人間関係と同じです。

距離が近すぎるあまり、お互いに干渉しすぎて傷つけ合ったり、後悔したりするよりも、適度な距離を保ち、お互いに心地よい気持ちでいられる関係のほうが、結果的にいい関係でいられるということです。

この法則は、一般的な人間関係を指しているものですが、苦手な人と付き合うときにも参考になります。

苦手な人と距離を近付けすぎると、トラブルになる可能性がどうしても高くなります。会っているときだけでなく、別れた後も、イヤなことを思い出して、心にマイナスのエネルギーが増えてしまいます。

ですから、会うと気分が暗くなったり、トラブルが起きやすかったりする相手とは、いっそ距離を置いて付き合うほうがいいかもしれません。

「付き合う相手を選ぶなんて、相手に失礼な気がする」と思う人もいるかもしれません。

しかし、無理に会って自分の心にマイナスのエネルギーを増やすようだと、結果的に、周りの人にマイナスのエネルギーをまき散らして、迷惑をかけることにもなります。

トラブルの元を避けることは、自分自身だけでなく、自分の周りの人のためにもなるのです。

58

小さな問題は自分で解決する

私たちは、子どもの頃に、「自分のことは自分でしなさい」と親に教えられてきました。

親は、子どもの自立心を育てるために、ときには厳しい言葉で、子どもを指導します。

心の強い人は、この「自立心」が旺盛という特徴を持っています。

ある営業職の女性は、何かトラブルが起きたときは、まずは自分で解決できるかどうか、ということを考えるそうです。

たとえば、大切な書類が見つからないときは、「どこかに忘れたのかもしれない」と考えて、その前の自分の行動を振り返ります。

そして、「もしかしたら、取引先に置いてきたかもしれない」ということに気付いたら、その取引先に電話をして、「書類を忘れてないでしょうか?」ということを確認してもらいます。

このように、自分のミスは自分のミスとして、黙々と解決に向けて行動するので、社内では「責任感のある人」と高い評価を受けているといいます。

彼女からしたら、自分のミスに他の人を巻き込みたくないから、一人で解決しているだけにすぎません。

しかし、よく調べもせずに、「ねえ、私の書類知らない？」と他人を巻き込む人よりもずっと、信頼されやすくなり、良好な人間関係を保つことができるのは間違いありません。

誤解しないでほしいのですが、人に頼ることが悪いのではありません。

自分一人では解決できそうにない大きな問題は、周りの人に相談して、解決策を一緒に考えてもらうほうがいいのです。

そのほうが早く解決できるし、結果的に周りの人に大きな迷惑をかけずにすむからです。

しかし、ちょっと考えたら解決できそうな簡単な問題なのに、「困った。どうしよう」と大げさに騒ぎ立てるのは、ＮＧです。

「人騒がせな人」と思われ、警戒されてしまいます。

人に何か頼みたくなったときは、まず、「自分でできないか」を考えましょう。

思い切ってやってみて、うまくできたら、自分の自信につながり、心にはプラスのエネルギーが増えます。それだけでなく「自立した人」と認められて、周りからの評価も上がるのです。

59 相手の立場に立って話す

私たちは、常々「自分がわかっていることは、他の人もわかっている」と思いがちです。

しかし、「自分の常識は他人の非常識」という言葉もあるように、自分の知っていることを相手が知らない場合もたくさんあるのです。

たとえば、数人で話をしていて、「これって、常識だよね？」と誰かが言ったとします。言った本人としては、「これくらいは知っていて当然」という気持ちから発した、何気ない一言なのでしょう。

しかし、話を聞いている人の中で、その内容を知らない人がいたとしたら、「私は知らないけど……。それっていけないこと？」と複雑な心境になると思います。

ですから、人間関係においては、「自分が知っていることでも、他の人が知っているとは限らない」という前提で会話するのがベストです。

そうしないと、知らず知らずのうちに、自分の常識を押し付けてしまうことになり、周りからは「無神経な人」というレッテルを貼られてしまいます。

本当に頭のいい人は、難しいことを簡単に説明することができる、といわれています。

それは、頭のいい人は、相手の立場に立って、どのような言葉を使えばわかりやすいかを考えて話すことができるからです。

会話をするときに最も大切なのは、この「相手の立場に立って話す」ということです。

話の中に、専門的な言葉が含まれているようなら、誰にでもわかる言葉に置き換えて話すとか、相手が退屈そうなら、相手が興味を持ってくれそうな話題に変えるといった気配りができると、その人は相手にとって、「話していて楽しい人」になります。

自分が話すのが得意ではないなら、相手にどんどん質問をして、自分は聞き役になるという会話の仕方でもいいのです。

会話は、人間関係の基本です。

第一印象であまり記憶に残らなかった人でも、次に会ったときに会話を楽しむことができれば、その人の印象はグンとよくなります。

そして、楽しい会話ができると、それが自分の楽しみや自信になり、自分自身の心にも、プラスのエネルギーが増えるのです。

60 相手のことを詮索しすぎない

女性は恋に落ちると、「好きな人のことは何でも知りたい」と思うものです。

しかし、自分の思いを優先しすぎると、つい相手への誠実さを失ってしまうことがあります。

ある看護師の女性には、年上の恋人がいます。その彼はとても優しくて、彼女のことを大切にしてくれますが、仕事が忙しくて、なかなか会えないことがありました。

そんなとき、彼女は不安になってしまい、あれこれと彼のことを詮索してしまいます。

たとえば、彼が出張に行っているときに、夜、電話に出てくれなかったとしたら、

「どうして、電話に出てくれなかったの？　あんなに夜遅くに、仕事をしているはずはないわよね。いったい何をしていたの？」

と責め立ててしまいます。

彼が、「ごめん。疲れて寝てしまったんだ」と謝った後も、彼女はずっと彼のことを疑っていました。

「彼のしていることはすべて知りたい」と思っていた彼女は、あるとき、彼氏のいないす

きを狙って、携帯電話の中身を勝手に見てしまいました。

「他の女性とメールしていないか、浮気していないかどうか、チェックしたい」

というのが彼女の言い分です。

しかし、携帯電話を盗み見ることとは、相手のプライバシーに必要以上に踏み込むことです。相手がこのことを知ったら、気分を害するに決まっています。

彼女が何度見ても、彼氏の携帯電話には、怪しいメールはひとつもありませんでした。

そんなある日、彼は、彼女が自分の携帯電話を盗み見していることに気付きました。

そして、

「いくら恋人同士でも、携帯電話を勝手にチェックするなんてルール違反だよ。僕のことを信じられないなら、これ以上一緒にいないほうがいいよね」

と、彼女に別れを切り出しました。

相手を大切だと思うなら、余計な詮索をせず、相手のことを信じましょう。

その誠実さが、相手との絆を強めます。そして、その絆は、自分の心にプラスのエネルギーを与え、心を強めてくれるのです。

第7章

人との絆が心を強くする

61 人との絆が人生を豊かにする

一緒にいて安心できる仲間や友人を持つことは、日々、心の状態が移り変わる中で、精神安定剤のような働きをしてくれます。

心の強い人たちを見ていると、いつも穏やかで、精神的に落ち着いているように見えるものですが、彼女たちは心の強い友達同士で、話をしたり、励まし合ったりすることで、お互いにプラスのエネルギーをチャージし合うという習慣を持っているものです。

反対に、心の弱い人たちは、「類は友を呼ぶの法則」で、自分と同じように心の中にマイナスのエネルギーを溜めている人を引き寄せます。そしていつも一緒にいて、グチを言い合ったり、その相手とケンカをしたりして、ますます心を弱まらせてしまうのです。

それがひどくなると、「もう誰も信じられない」という状況になり、一人ぼっちになってしまいます。

確かに、一人でいれば、傷つくことは減るでしょう。

しかし、一時はいいのですが、長く続くと孤独と淋しさで心の中にはマイナスのエネルギーが一杯になってしまいます。

また、一人でいる限り、他人との関係から生み出される喜びや楽しみといった大きなプラスのエネルギーをチャージする機会がなくなるので、人生は虚しいものになります。

人間関係が得意ではないという人にとって、新しい友達をつくることは簡単ではないでしょう。

まったくの他人と親しくなることが難しいと思うなら、まずは趣味の仲間や、家族や会社の仲間といった、身近な人との関係を良好にするだけでもいいのです。

気が合った人と食事をすると、一人で食べるときより、ずっと楽しく感じるものです。

それは、プラスのエネルギーは、一人で楽しいなと思うよりも、誰かと一緒に「楽しいね」と言い合ったときのほうが、たくさん生まれるからです。

62

相手のほめてほしいことをほめる

相手との関係をよくするために、最も簡単にできるのは、「相手のいいところを見つけてほめる」ということです。

大人でも、子どもでも、男性でも女性でも、どんな職業の人でも、ほめられると嬉しそうな顔をします。

下心が見え見えのときは別としても、基本的に、自分を喜ばせてくれる人を、嫌う人はいません。

相手をほめる方法は簡単です。自分の感じた、相手のいいところを、素直に伝えればいいのです。

たとえば、普段はあまり接する機会がないけど、「オシャレでかっこいい女性だな」と密《ひそ》かに憧れている会社の先輩がいたとしましょう。

その先輩と廊下ですれ違ったとき、挨拶がてら、こんなふうに言ってみましょう。

「おはようございます。○○さん、今日のスーツもステキですね。実は先輩のファッションセンスにずっと憧れていたんです」

このように、正直にかつ、さりげなく相手をほめることができると、相手はハッピーな気持ちになります。

相手のいいところを見つけるというのは、普段から相手をしっかり観察しなければできないことです。つまり、ほめるということは、「私はあなたの存在を認めています」というサインにもつながるのです。

ですから、相手をほめるときは、本当に思ったことなら、少々大げさな表現だったとしても、どんどん伝えたほうがいいのです。

また、「相手は、どんなことをほめられたら嬉しいだろうか」と想像してからほめると、さらに相手に喜んでもらうことができるでしょう。

いつも「キレイですね」と言われている人に、「知的な雰囲気に憧れます」と言えば、もっと喜んでもらえるかもしれません。

ほめることは、相手に「自信」というプラスのパワーを与えることになります。そして、相手を幸せにすれば、今度は逆に相手からもプラスのエネルギーをもらえるのです。

63

先入観を持たないようにする

心が弱っていると、不平や不満が出やすくなり、人間関係においても、嫌いな人が増えてしまいます。

人を見れば、「あの人の八方美人的な性格がイヤ」、「彼女のおせっかいなところを見ているとイライラする」というふうに相手のマイナス部分ばかりに気を取られてしまうので、誰と会っても、心にはマイナスのエネルギーが増えていきます。

文句ばかり言う人と一緒にいて、楽しい気分になる人はいません。そのため心が弱い人は、相手にもいい印象を与えることができず、いつまでたってもよい人間関係を築くことができません。

誰にでも、どんなに努力しても好きになれない相手はいます。ですから、嫌いな人がいることは仕方のないことです。

しかし、相手に意地悪されたとか悪口を言われたといった、ハッキリした理由があるわけでもないのに、悪いところにばかり意識を向けて、文句を言うのは、とてももったいないことです。

その相手のいいところに注目すれば、その相手との関係は良くなれるかもしれないのに、「気が合わない」と決めつけてしまえば、それっきりになってしまいます。

OLのF子さんは、会社の後輩のK子さんを嫌っていました。K子さんが入社したときの第一印象が生意気そうだったのが、K子さんを嫌いになった理由です。

そのため、K子さんが話しかけてきても、そっけない態度をとっていました。

しかし、ある日通勤の途中で、道に迷っているおばあさんに丁寧に道を教えてあげているK子さんの姿を見て、「K子さんのことを誤解していたのかも」と反省したといいます。

マイナスの先入観が、K子さんのいいところを見えなくしていたのです。

人の性格は、そんなに単純なものではありません。悪いところを見ようと思えば悪い人に思えるし、良いところを見ようと思えば、良い人に思えるものです。

ですから、人間関係においては、マイナスの先入観を持たず、相手のいいところを見る意識が大切です。自分の都合だけで作り上げた先入観を取り除くと、嫌いな人は減っていきます。

嫌いな人が減ると、心にプラスのエネルギーが増えて、いい出会いが増えていきます。

64 他人のために自分の力を貸す

他人のために自分の力を惜しみなく与える人は、好かれます。力になることのひとつが、落ち込んでいる人を励ますことです。

励ますことが上手なのは、「あの人は心が強いね」と思われる人の大きな特徴です。

人は誰でも、失敗することや壁にぶつかることがあります。

そんなときに救いになるのが、自分以外の誰かからの励ましの言葉です。

「あなたなら、きっと大丈夫」、「元気を出してね」といった言葉で肯定してもらえると、心の中のマイナス感情は消えて、プラスの感情を取り戻すことができるのです。

ある歯科衛生士の女性は、励ますことが苦手でした。しかし、知人の男性が落ち込んでいると相談を受け、話を聞いてあげることにしました。以前、彼女が友達との関係で悩んでいるときに、彼が相談に乗ってくれたことがあるからです。

彼は仕事で大失敗してしまい、落ち込んでいるようでした。さらに、その罰として、別の部署へ異動になると上司から宣告を受けてしまい、悩んでいました。

そんな話に耳を傾けてあげながら、「そうだったの。それはつらかったね。でも、あなたは元々仕事ができる人だし、人望もあるから、きっといい方向に進むと思うよ」と一生懸命に励ましました。

彼は、そんな彼女の優しさに感激し、後日「今度一緒に美術館に行きませんか?」とデートに誘ったといいます。

この二人は、デートを重ねて二年後に結婚しました。彼女の励ましがきっかけとなり、彼は自分の心にプラスのエネルギーを取り戻すことができました。彼はそのことで、彼女に感謝するうちに、その気持ちが愛に変わったのです。

人は誰でも、「元気になりたい」という思いを持っています。だけど、深く落ち込んでいるときは、たった一人では元気になれないこともあるのです。

そんなとき、「頑張ったね」、「次はきっとうまくいくよ」という一言をかけてもらえるだけで、落ち込んでいる人にとっては大きなエネルギーとなります。

そして、励まし上手な人は、励ますたびに相手から感謝されることで、自分の心も強くすることになるのです。

65 他人の不幸を願うと、心が弱くなる

憎んでいる相手がいると、心にはマイナスのエネルギーが増えてしまいます。

心にマイナスのエネルギーが多いと、他人の幸せを祝えません。それどころか、無意識に、他人の不幸を願ってしまうこともあります。

人にイヤなことをされると、誰でも心がマイナスに傾くものです。

そんなとき、心の強い人は心をプラスにする方法を使って、すぐに心を立て直すことができるのですが、心が弱り切っている人は、そのマイナスの感情を引きずってしまい、いつまでたっても消すことができません。

消えることのないマイナスの感情は、次第に恨みに変わります。

そして、「私にイヤなことをする人には、バチが当たればいいのに」と願ってしまい、ますます心の中にマイナスのエネルギーを増やすことになるのです。

思い当たるフシのある人は、まず「自分は他人の不幸を願っている」ことに気付いてください。そして、ウソでもいいので、「私にイヤなことをした、あの人にも幸せが訪れますように」と願ってみましょう。

最初のうちは、「何で、憎い相手の幸せを願わなきゃいけないの?」とバカバカしい気持ちになるかもしれません。

しかし、呪文のようなものだと思って続けていくと、心の状態が少しずつ変わっていって、その人への恨みは薄らいでくるはずです。そうすると、不思議と心は強くなってくるのです。

自分の心を強くするためには、心にプラスのエネルギーを溜めることが必要不可欠です。

しかし、自分でも気付かないうちに、恨みの感情を心の中に残していると、せっかく心を強くするための努力をしていても、報われなくなってしまいます。

それだけ、恨みのマイナスエネルギーは大きな負のパワーを持っているのです。

自分の心を強くしたかったら、他人の不幸を願うのは、たった今からやめるべきです。

相手のためにと考えるのがイヤなら、自分自身の心の状態をプラスにするために、嫌いな相手を許しましょう。

66 約束したことは守る

当たり前のことですが、人間関係を良好に保つには、他人との約束を守ることが大切です。

言ったことは必ず守る人というのは、それだけで心が強い人だといえます。

しかし、ちょっとした心の甘えから、約束を守れないという人もいるようです。

ある大学生の女性は、仲間内ではいつも明るいムードメーカー的存在なのですが、約束が守れないことが多く、皆を呆れさせることがありました。

たとえば、「日曜日に遊園地に遊びにいくので、十時に入場口で集合しよう」といったような約束を守れたためしがありません。

「電車が遅れた」、「体調が悪かった」という理由ならしょうがないのですが、たいていは「お化粧に時間をかけすぎた」、「前日、夜中までテレビを見ていたので寝坊した」という自分本位な理由です。

それでも、皆は「しょうがないな」と笑って許してくれました。その一方で、彼女の約束にルーズな習慣は直るどころか、どんどんひどくなっていきました。

仲間の一人から、貸してもらったお金を「次に会ったときに返すね」と言っておきながら、ずっと返さなかったり、「次は私が遊びにいく場所を探しておくね」と言っていたのに、忘れてしまったりということを繰り返しました。

見かねた仲間の一人が「もう彼女を誘うのはやめようか」と提案したのがきっかけで、彼女はその仲間との関係を失ってしまいました。

彼女は「あの人たちなら怒らないだろう」と相手に甘えて約束を破ってばかりいた自分を反省し、仲間たちに謝りました。そしてまた、仲間に入れてもらいました。それ以来、グループの絆はさらに強くなりました。

時間通りに集合場所に集まるとか、借りたものを返すとか、小さな約束を誠実に守る人は、周囲からの信頼を着実に積み重ねていける人です。信頼とは、絆そのものです。

特に自分から約束したことは、特別な事情がない限り守りましょう。

どうしても守れないときは、謝って事情を伝えましょう。

大切なのは、相手と誠実な気持ちで付き合うということです。

67 価値観が違っても、わかり合うことはできる

「彼女とは音楽の趣味が似ているから、話をしていて楽しい」
「彼とは、仕事に対する考え方が似ているので、この先もずっとうまくやっていけそう」

このように、私たちは、誰かと仲良くなるとき、価値観が合う人とより親しくなる傾向があります。

しかし、どんなに親しくて、価値観が似ている部分があっても、すべての価値観が一緒ということはまずあり得ません。

「十人十色」という言葉もあるように、人間が十人いれば、十通りの個性があります。つまり、考え方も好みもそれぞれ違うのが普通なのです。

そのことを理解していないと、「なぜ、あの人は私のことをわかってくれないのかしら?」と不満を持つことが多くなり、そのマイナス感情が心を弱らせてしまう原因になることがあります。

こういうと、「誰とも理解し合うことができない気がする」と不安な気持ちになる人がいるかもしれませんが、そこは安心してください。

たとえ価値観が違っても、心の底ではわかり合うことはできるのです。

あるOLの女性は、結婚を前提にお付き合いをしている恋人がいます。

彼氏は、スキーやテニス、サーフィンなどのスポーツが大好きです。一方、彼女は読書をしたり、映画を見たりといった、インドアな趣味が中心です。

それでも、二人はお互いを尊重し合い、いつも仲良くデートを楽しんでいるそうです。

「どんなに好きな相手でもすべてを理解し合えなくて当たり前、という気持ちがあるから、うまくいっているんだと思います」と彼女は言います。

彼女のように、最初から「理解し合えないこともある」ことを理解していれば、少々好みが違っていても、しょうがないと割り切れます。そして、万が一、理解してもらえたときも、「当たり前」とは思わずに、「ありがたい」というプラスの気持ちが湧いてきます。

他人と少しでも理解し合える部分があることは、それだけで貴重なことなのです。

「価値観が違って当然」という事実を受け入れられるようになると、人間関係のストレスが減り、心は強くなってきます。

68

人間関係は量より質

心の強い人に、「あなたは友達がたくさんいますか?」と質問してみたら、「実はそんなに多くはないんですよ」と答えるケースは、意外とよくあります。

一般的なイメージとして、心の強い人とは、いつも大勢の友達に囲まれて、ワイワイと楽しく過ごしているというふうにとらえられがちです。

確かに、そういう人もいるでしょう。しかし、実際には、少数の友達を大切にして、関係を深めるような付き合い方をしている人が意外と多いのです。

よく「人間関係は量より質」といわれますが、これは本当のことです。

たとえ、たくさんの友達がいても、人の悪口ばかり言い合っていたり、お互いの足を引っ張り合うようなことをしていたりすれば、心にマイナスのエネルギーが増えてしまうので、自分のためにも相手のためにもなりません。

また、しょっちゅう恋人を取り換えるような女性が、相手を取り換えるたびにハッピーなお付き合いができているかといえば、必ずしもそんなことはないのです。

むしろ「今の彼氏より、前の彼氏のほうが優しかった」と比べて落ち込んだり、一時の遊びの相手として扱われたりして、心がマイナスの方向に傾いてしまっているケースも多いのです。

それよりも、たった一人でも、心から信頼し合える友達や恋人がいるほうが、人生にはずっとプラスになります。

異性と付き合った回数は少なくても、今いる恋人との関係を深めていく努力をするほうが、心を強くするには有効なことなのです。

友人でも恋人でも、人付き合いというのは、相手に愛情を持っていないと続かないものです。

ですから、いくらたくさんの知り合いがいても、その人たちに愛情を持って接することができなかったら、宝の持ち腐れとなることがあります。そういう意味でも、少ない友達や恋人に十分に愛情を注いでいくほうが、ステキな人間関係をつくることができるのです。

ですから、親しい人が多くないからといって、肩を落とす必要はありません。

一人でもいいのです。信頼し合える相手とプラスのエネルギーを交換できる関係を持てれば、心は強くなり、人生は楽しくなります。

69

相手の考えを否定せず、自分の意見を伝える

心の強い人の特徴として、しっかりとした自分の考えを持っているということがあげられます。

そういう人は、ことさらに「自分はこう思う」と自己主張することはあまりなくても、肝心なところでは自分の意見を言うことができます。

そして、世間一般の常識や周りの人の意見に流されることがないので、周りの人に「自分をしっかり持った強い人」という印象を与えることができるのです。

一方、心が弱い人は、相手に嫌われたくないという気持ちから、自分がその人と違う考えをしていても、口先だけで意見を合わせてしまうことがあります。

そして、我慢することでどんどんストレスが増えてしまう上に、周りの人にも「つまらない人」と思われてしまいます。

ですから、誰かと話していて、「この意見は私の考えとはちょっと違うな」と思ったときは、遠慮しないで、たまには自分の意見をソフトに伝えてもいいのではないでしょうか。

このときに大切になってくるのは、言い方です。

たとえば、友達が仕事の話題を出してきて、「派遣社員は大変よ。リストラされるときは真っ先に対象にされるし、ボーナスは出ないし。正社員の人が羨ましい」と言ったとします。

そんなときはまず、「そうね。確かにあなたの言う通り、派遣社員は大変だよね」と友達の意見に同調しましょう。

そして次に、「だけど、派遣社員は契約が切れたら、新しい仕事を探すことができる分、出会いが広がるという面もあるよね。派遣社員か正社員か、どちらがいいかはその人の考え方次第かもね」というように、自分の意見も相手に伝えます。

反対の意見を言うときも、相手に不快感を与えないような言い方をすれば、気まずくなったり、その後の関係にヒビが入ったりすることはないのです。

相手の意見を尊重した上で、自分の意見をソフトに伝えることができたら、人間関係はグッと楽になります。

心を強くするために、いつもいつもみんなに合わせることなく、ときには自分の意見を言えるようになることも大切です。

70 甘え上手、受け取り上手になる

心の強い人は、基本的には自立心が旺盛です。しかし、その一方で、必要なときは素直に人に頼ることができます。

もちろん、最初から人の力をあてにするようだと、周りの人の迷惑になりますので、まずは自分のことは自分ですることが基本です。

しかし、それでも困ったときは、問題を一人で抱える必要はないのです。

その分野の詳しい人に、「ぜひ、あなたの力を貸してほしいのですが」とお願いすることは、決して、恥ずかしいことではありません。

重要なのは、相手が何かしてくれたら、素直に「ありがとう」と感謝することです。そして、逆に相手に何か頼まれたときは、喜んで引き受けてあげればいいのです。

また、心の強い人には、他人の好意を素直に受け取るという特徴もあります。

ある女性の話をしましょう。

メーカーで販売員をしているある女性は、仕事も人付き合いもきちんとしていて、とても良識的な女性ですが、長年特定の恋人ができないことで悩んでいました。

「私よりわがままそうな子にはすぐに彼氏ができるのに、なんで私だけ？」と心が落ち込むことが増えたので、結婚している友達に相談してみました。

するとと、「あなたはもっと男性に甘えるといいと思う。それと、相手が何かしてくれそうだったら、遠慮しないで受け取るようにしたら、うまくいくんじゃない？」と言われました。

「そんなことで彼氏ができるんだったら苦労しない」と、はじめは半信半疑だった彼女ですが、男性が食事をごちそうしてくれたり、ちょっとしたプレゼントをくれたので、「嬉しい。ありがとう」と受け取るようにしたら、三ヶ月後に知り合いの男性から告白されたそうです。

相手の好意を「いらないです」と断ってしまうと、相手は拒絶されたと感じてしまいます。男性の場合、「僕はこの人の役に立てないんだ」と感じて、去っていくのです。

もちろん、甘えてばかりで感謝できない人は、心を強くすることはできません。しかし、必要なときに人に頼って、その好意に甘えて、それに対して感謝をすることは、健全な人間関係をつくる上でプラスになることなのです。

第8章

人を喜ばせると
自分が幸せになる

71 人を喜ばせることで、強い心を取り戻す

人は本能的に「人を喜ばせたい」、「人の役に立ちたい」という思いを持っています。

しかし、心が弱っていると、心が「苦しい」、「悲しい」、「つらい」といったマイナスの感情で一杯になってしまうため、相手のことまで考える余裕が持てず、人に喜んでもらうことにまで、意識が回りません。そして、つい自分のことばかり考えてしまいます。

本来、人間は人と助け合いながら生きる動物です。そのため、短時間なら自分本位でいても問題ないのですが、あまりにもずっと、自己中心的なことばかりを考えていると、心のバランスは少しずつ崩れてしまいます。

専門家の話によれば、うつ病にかかっている人の多くは、他人の都合に気が回らなくなっているので、悪気はないのに他人に迷惑をかけてしまうそうです。

もし、最近、自分が自分のことで頭が一杯という人は、一度、考え方をリセットして、他人のために何ができるかについて、考える機会を持ちましょう。それだけでも、マイナスになる一方だった心に、プラスのエネルギーを送り込むことができます。

他人のことを考えるということは、「この人はどうやったら喜んでくれるかな?」と想

像することです。

人を喜ばせることができると、心には自然とプラスのエネルギーが溜まります。

なぜなら、人を喜ばせたら、心の中に愛の感情が自然と湧いてくるからです。

さらに人から感謝されるので、ますます心にプラスのエネルギーが増えます。

感謝のプラスエネルギーは強力で、心の中のマイナス感情を一気に取り除いてくれるほどのパワーを持っています。

ボランティアの人に話を聞くと、「人に喜んでもらう体験や、感謝される体験をすることで、自分が元気になれる」といいます。

意外かもしれませんが、人を喜ばせることは、そんなに難しいことではありません。

成功哲学の第一人者、ジョセフ・マーフィー博士は、「愛と善意を人に与えなさい。『気配り』と『親切』はその象徴です」と言っています。

日頃から、「人を喜ばせよう」という気持ちを持つことで、自分の心は強くなっていきます。

72

「一日一善」を心がける

「一日一善」という言葉があります。「一日に一回いいことをして、それを積み重ねていきましょう」という意味です。

「人を喜ばせるために、どうすればいいのかわからない」という人は、この「一日一善」を心がけてみるといいでしょう。

たとえば、電車の中でお年寄りや体が不自由な人、妊婦さん、赤ちゃんを連れている人を見かけたら、席を譲ることは、親切の定番といったところです。

「もしよかったら、お席をどうぞ」と一声かけるだけでいいのですから、簡単にできるでしょう。

また、普段歩いている道でゴミや空き缶が落ちていたら、拾ってゴミ箱に捨てることも、街をキレイにするので、人に喜ばれることにつながります。

他にも、落とし物を拾ったときは、駅や交番に届けること、道に迷っている人から助けを求められたら、できる範囲で道案内をしてあげることなど、できることはいろいろあるはずです。

「こんなことでいいの？」と思った人もいるかもしれません。

しかし、実際やってみるとわかるのですが、こんな簡単なことでも、意識しないとなかなかできないものです。

「電車で席を譲ろう」と思っていないと、お年寄りや妊婦さんのことを、見逃してしまいます。

「ゴミを拾おう」と意識していないと、近くにゴミが落ちていても、気付かないものなのです。

ですから、まずは「一日に一回、いいことをしよう」と気楽に考えてみてください。すると、簡単にできることが、すぐ近くに見つかるはずです。

「一日一善」をしたからといって、誰も気付いてくれないかもしれません。すぐに心が強くなるわけでもありません。

しかし、めげずにコツコツと人の喜ぶことを続けていくと、「いいことをする」ことが習慣になります。その行いこそ、強い心を築く土台になるのです。

73

人の話をじっくり聞いてあげる

人は誰でも「自分に興味を持ってほしい」という思いを持っています。

特に女性は、おしゃべりが好きな人が多いので、「私の話を聞いてほしい」という気持ちが強いようです。ですから、他人の話をじっくり聞いてあげられる人は、それだけで人を喜ばせることができます。

たとえば、会社の後輩が「実は悩みがあるんですけど……」と言ってきたら、「私でよかったら、話を聞くよ」と快く応じてあげましょう。

相手は、仕事のことや恋愛のこと、人間関係の悩みなどを打ち明けてくるかもしれません。

そのときは、まず相手に好きなだけ話をさせてあげて、自分の意見を言うことは極力控えましょう。

そして、「うんうん」とうなずきながら、「そうなんだ」と相づちを打ってあげると、相手に「あなたの話を熱心に聞いています」ということが伝わり、心を開いてくれます。

なぜなら、うなずきと相づちは「ありのままのあなたを受け入れていますよ」というサインのような役割を果たしているからです。

安心して話を聞いてもらえた相手はきっと、心にプラスのエネルギーを増やして、元気を取り戻すことでしょう。

反対にいけないことは、話の途中で「それはちょっと私の考えとは違うな」と割って入ったり、「それは違うよ」と相手を否定したりすることです。

相手が「あなたはどう思う?」と聞いてきた場合のみ、自分の意見を言うのはいいのですが、ただ相手が話しているだけのときに、意見を言うと、相手は不愉快な気分になります。

大切なのは、相手の言うことが「正しいか、正しくないか」ではありません。それよりも、今、話を聞いてもらいたいという相手の気持ちを丸ごと受け止めることに努めましょう。

世の中は、誰かに話を聞いてもらいたい人で溢れています。

相手の話を受け止めてあげられる人は、人を喜ばせて、感謝されます。そして、感謝されるたびに、その人の心も強くなっていくのです。

74 頼まれたことにはなるべく応じる

「人を喜ばせる」というと、なんだかとても大変なことをしなければいけないのでは、と心配する人がいますが、そんなことはありません。

人が喜ぶことというのは、言い換えれば、相手の求めていることをしてあげるということです。そう考えると、相手の頼み事に応じてあげることは、相手を喜ばせるための近道といえます。

「結婚式に出席してほしい。できれば式場の受付もお願いしたい」

「休日にテニスの試合に出ることになったので、応援に来てほしい」

「今度、海外旅行に行くことになったので、大きなスーツケースを貸してほしい」

このように、頼まれる内容はいろいろとあると思います。

こんなときに、「面倒だな」、「何で私に頼むの?」などと思わずに、なんとかやりくりをして応じてあげましょう。

人から何かを頼まれるということは、相手から「この人ならきっと応じてくれる」という信頼感を持たれている証拠です。

そういう人のお願いを聞いてあげると、相手に感謝され、自分の心にプラスのエネルギーが増えることになります。

また、「私でも人の役に立つことができるんだ」という自信にもつながり、心を強くすることができるのです。

ここで注意したいのは、相手に喜んでほしいからといって、頼まれてもいないことに首を突っ込みすぎないということです。

「小さな親切、大きなお世話」という言葉があるように、自分がよかれと思ってした親切が、相手にとっては迷惑になることもあるからです。

また、自分がやりたくないことや、それをやることをイメージすると、心が暗くなるようなことは、無理して引き受ける必要はありません。

頼み事をしてきた相手が、自分を都合よく利用しようとしている場合も、引き受けたくなければその必要はありません。

75 相手の期待を超えたことをする

当たり前のことを一生懸命にするだけでなく、当たり前のことにプラスして、相手の期待以上のことをする人は、人から喜ばれます。

たとえば、スーパーで働いているA子さんは、終業時間になっても、まだ仕事が残っていたら、残業してその日のうちに仕事を片付けてしまうそうです。

「自分のせいで遅れた仕事もあるので、残業代は請求しないことに決めています」

とA子さんは笑って言っています。

そんなA子さんは、いつの間にか同期の中で一番の出世頭になりました。

また、T子さんは、彼氏とデートをするときに、必ずお弁当を作っていくそうです。

一人暮らしで仕事の忙しい彼氏は、食事をおろそかにしてしまいがちでした。そんな彼氏の体のことを考えて、野菜中心のメニューをお弁当に詰めて持っていくことを一年続けていたのです。

すると、ある日「こんなに優しい女性と会ったのは初めてです。結婚してください」とプロポーズされたといいます。

このように、相手の期待を少しでも超えたことをすると、その分、相手からの感謝も大きくなって返ってきます。

こういうと、「プラスアルファのサービスなんてできっこない」と思う人がいるかもしれませんが、そんなに難しく考える必要はありません。

要は、自分が普段していることに、ほんの少しプラスのことをする、と考えればいいのです。

たとえば、仕事の書類を提出するときに、いつもよりキレイに仕上げてみたり、相手が読みやすいように工夫したりするといった具合です。

また、締め切りより早く提出することも、相手に喜ばれるはずです。

ちょっとしたことでも、続けるうちに、周囲の人にたくさんの喜びを与えることになり、その喜びは巡り巡って自分の元に返ってきます。

それに、「人より少し頑張った」ことは、自分の自信にもつながるのです。

76 自分の持っているものを人に与える

人を喜ばせるということは、人の役に立つということに他なりません。

そして、「人の役に立つ」ということで真っ先にイメージするのが、「募金」や「寄付」ではないでしょうか。

実際、アメリカやイギリスでは、お金持ちの人はもちろんのこと、一般の人も、街で募金箱を見かけたら募金をしたり、困っている人を助けるためのボランティア団体に寄付をしたりという習慣が根付いているそうです。

「自分の持っているものを人に分けることで、人の役に立つことができる」という考えが社会に根付いているからだと思います。

たとえ少ない額でも、募金や寄付をして、「このお金が世の中の役に立ちますように」と願うことは、精神的にもプラスに働き、心を強くしてくれる効果があるといえます。

中には、「お金のある人はいいけど、私は貧しいので寄付なんてできません」という人もいると思います。

何も、分け与えるものはお金である必要はありません。

お金を寄付するのが難しい人は、自分の持っているもので、人の役に立ちそうなものを考えてみましょう。

読書が趣味のK子さんは、読み終わった本は、図書館に寄付したり、同じように本が好きだという知人にプレゼントするようにしているといいます。

F子さんは、地震や津波の影響で住む家がなくなってしまった人に、自宅で使わない日用品を定期的に送っているそうです。

また、子ども好きのG子さんは、経済的な事情で塾へ通うことのできない小学生のために、無料で勉強を教えるボランティア団体のお手伝いをしているといいます。

いずれも、自分のできる範囲で、自分の持っている物や技術を人に分け与えています。分け与えるものに、大小は関係ありません。大切なのは気持ちです。

誰しも、人に分け与えられる財産を必ず持っています。

「私なんて、分け与えるものがない」という卑屈な気持ちから抜け出して、小さなできることをしてみましょう。

人に与えた分だけ、心にはプラスのエネルギーが増えていきます。

77 他人の幸せを一緒に喜んであげる

他人の幸せを一緒になって喜んだり、祝福したりすることも、人のためにできることのひとつです。

しかし、これは誰にでもできることではありません。

心の強い人は、他人の幸せを自分のことのように喜ぶことができます。

しかし、心が弱っている人は、他人の幸せを素直に喜んであげることができにくいのです。なぜなら、心にマイナスのエネルギーが多い状態だと、他人に対する嫉妬やひがみというマイナスの感情が湧きやすくなるからです。

S子さんとL美さんという二人の女性のエピソードを紹介します。

二人の共通の友達が、結婚することになりました。友達の中では、その人が一番早く結婚するのです。

「今度、結婚することになったの」と報告を受けたとき、S子さんは「おめでとう。よかったね！　あなたなら、きっと幸せになるよ」と一緒になって喜びました。

一方、L美さんは、「ふーん。そうなんだ」とだけ言って、その場を立ち去りました。

その後、L美さんは、他の友達に、「あの子が一番先に結婚するなんて信じられない」、「先を越されて悔しい。私のほうが先に恋人ができたのに……」、「彼女は美人じゃないから、そのうち飽きて捨てられるかも」などと延々と悪口を言いました。

その半年後、S子さんは恋人から婚約指輪を貰いました。

L美さんは、付き合っていた彼氏が他の女性と結婚することになり、ふられてしまいました。

これは、彼女たちの心のエネルギーが、それにふさわしい出来事を呼び寄せた結果です。

他人の幸せを喜んで、心にプラスのエネルギーを増やす女性のほうが、そうでない女性よりも、幸せを引き寄せやすいのです。

ちょっとしたことでもかまいません。身近な人にいいことがあったら、一緒になって、喜びましょう。友達が誕生日のときに「おめでとう」と言うだけでも、その人を喜ばせることができます。

嫉妬やひがみは、人の心を弱らせるマイナスの行為です。

相手の喜びを祝福することで、自分の心も喜ぶのです。

78 身近な人を喜ばせる

「大切なことは、遠くにある人や、大きなことではなく、目の前にある人に対して、愛を持って接することです」

こう言ったのは、マザー・テレサです。

彼女が初めて日本に来たとき、ある企業がマザー・テレサに寄付をしようとしました。

するとテレサは、

「日本人はインドのことよりも、日本の中で貧しい人々への配慮を優先して考えるべきです。愛はまず手近なところから始まります」と言って、断ったそうです。

この言葉からもわかる通り、マザー・テレサは一貫して「平和のためには、身近な人を大切にしなさい」と言っています。

「人助け」というと、親のいない子どもたちとか、内戦で苦しんでいるアフリカの人たちのことを考える人が多いと思います。

しかし、「人を喜ばせる」ために、ボランティア活動や社会貢献といったような、立派なことをしなくてはならないと思っているなら、それは誤解です。

それよりもっと身近なところにも、優しさを求めている人はいるのです。

たとえば、家族がそうです。

家にいるとき、いつも疲れていて不機嫌だった娘が、ニコニコして、家族に優しい言葉をかけるだけでも、家族は嬉しい気持ちになるでしょう。

会社の仲間だって、親切の対象になります。

たくさんの仕事を抱えて大変そうな人を手伝ったり、元気のない後輩を励ましたりすることで、相手を喜ばせることはできるのです。

身近な人とは会う回数が多いので、「喜んでもらおう」と思った瞬間から、すぐに行動を始めることができます。

身近な人を置き去りにして、遠くにいる人を喜ばせることを考えていると、本当に大切なものを見失ってしまうことがあります。

まずは、すぐ近くにいる人に優しさを与えましょう。目の前にいる親しい相手の笑顔を見るたびに、心にはプラスのエネルギーが増えていきます。

79 そこにいるだけで人に喜びを与える存在

「赤ちゃんを見ているだけで、優しい気持ちになる」

「動物を見ているだけで、心が安らぐ」

という人は多いと思います。

赤ちゃんも動物も話はしないし、何かしてくれるわけでもありません。それなのに、その場にいるだけで人を幸せな気持ちにしているのです。

それと同じように、私たちも存在しているだけで、人を喜ばせることができることがあります。

たとえば、あなたのことを心配してくれている両親やおじいちゃん、おばあちゃん、恩師に元気な顔を見せにいくのも、喜びを与える方法のひとつです。

「そんなこと、しようと思えばいつでもできるから、たいして意味がない」と思う人もいるかもしれません。

しかし、実際は「仕事が忙しいから」、「他の用事もあるし」と言って、先延ばししてしまう人がほとんどではないでしょうか。

だからこそ、「元気な顔を見せにいく」という一見、当たり前のことにも、大きな価値があるのです。

あるOLの女性は、職場の人間関係で悩んでいて、「どうせ自分なんか誰にも相手にされない」と落ち込んでいました。

しかし、夏休みに実家に帰省したときに、両親やおばあちゃん、昔の友達が「帰ってきてくれて嬉しいよ」と心から喜んでくれたので、「こんな私でも、顔を見せるだけで喜んでもらえる存在なんだ」と感じて、嬉しくなりました。

その喜びは、心に大きなプラスのエネルギーを増やしてくれました。

その結果、彼女は東京に戻るときには、「職場の人間関係は大変だけど、めげずに頑張ろう」と勇気が湧いてきたといいます。

「存在するだけで喜ばれる」というのは究極の愛の形です。

そして、それは特別な人だけのものではなく、誰もが与えられる愛の形なのです。

80 もらうよりも与える生き方を目指す

人は普通、他人に何かをしてあげることより、他人から何かを与えてもらうことに興味を持ちます。

与えることを考えると、「他人に与えた分だけ、自分が損するのではないか？」と考えてしまうこともあるでしょう。

何事も損得で考えてしまうのは、現代の日本では仕方のないことかもしれません。

特に若い人たちは、子どもの頃から「他人よりもいい成績をとるように」、「他人よりもいい学校に入るように」という教育をされてきた人がほとんどです。

そうやって、他人と競争して生きてきた人が、ある日突然「他人を喜ばせましょう」と言われても、いまいちピンとこないというのは、やむを得ないことなのでしょう。

しかし、自分の心を強くしたいなら、誰かに何かをしてあげようという意識を持ち、積極的に行動することが大切です。

やってみるとわかるのですが、「他人の幸せ」に意識を向けると、これまで自分がいろいろな人に与えてもらっていたことに気付くようになります。

「元気のない後輩に声をかけてあげよう」としたとき、ずっと昔、自分が元気がなかったときに励ましてくれた先輩の優しさが見えてくるという具合です。

自分の幸せばかり考えているときは、「何で自分ばかりが損しているの？」と心を落ち込ませていた人も、意識を「与える」ことにシフトするだけで「実は自分も、たくさんの優しさを人から与えてもらっていた」ことに気付きます。

すると、周りへの感謝の気持ちから、心にプラスのエネルギーが溢れ出します。

周りにいる心の強い人を観察してみると、彼女たちはごく自然に人を喜ばせることをしていることに気付くはずです。

自分だけトクをするよりも、他人の喜ぶことをしてあげたほうが、結果的に自分自身も幸せになれることを知っているからです。

人を喜ばせることを習慣にすると、「自分でも人の役に立てる」という自信も生まれます。

その結果、心はどんどん強くなっていくのです。

第9章

心が喜ぶ
生活習慣を持つ

81

自分のペースに合った生活スタイルを築く

今、心にマイナスのエネルギーを増やしやすい生活をしている人は、生活習慣を少し変えることで、心の状態をプラスへと変えていくことができます。

ある女性たちの例を紹介しましょう。

大学生のA子さんは、恋をすると、生活のすべてが彼一色になってしまいます。

彼からいつ電話がかかってきてもすぐに出られるように、片時も携帯電話を離しません。

彼からのデートの誘いがあれば、どんなに急でも最優先して、女友達との約束をドタキャンしてしまいます。

ところが、そんなA子さんの恋はいつも、長続きしません。半年もすると、彼に「君といると疲れるよ」と言われてしまうのです。

R子さんは、キャリアウーマンです。仕事が多いほど、「自分は周りの人から頼りにされている」という前向きな気持ちになるため、わざわざ休日出勤までして、働いていました。

しかし、そんな仕事ばかりの生活を続けていたせいか、ある日突然病気になって倒れてしまったのです。

A子さんもR子さんも、ひとつのことに偏りすぎて、生活のバランスを崩してしまっています。

恋愛でも、仕事でも、夢中になれるものを持つことはいいことです。しかし、この二人の場合、彼氏から愛されたい、職場の人に認められたいという欲求が元で頑張っていたため、彼氏や職場の人から思うような反応が得られないと、傷ついて、心にはマイナスのエネルギーが増えてしまっていました。

それだけでなく、恋人や仕事に自分の生活スタイルを合わせていたことで、十分な睡眠や休息をとることができず、二人の体は疲れ切っていたのです。

彼女たちに必要なのは、一人でリラックスする時間や、他人ではなく、自分の心が喜ぶような趣味に打ち込む時間です。

二人共、大切な自分自身の心をないがしろにする生活を送っていたために、心にマイナスのエネルギーが増えて、失恋や病気といった出来事を引き寄せてしまったのです。

自分の生活スタイルは、自分にとって無理のないものでしょうか？　定期的に、それを見直して、修正することで、強い心を保つことができます。

82 運動をする習慣を持つ

悩み事があるときに、スポーツなどで体を動かしていたら、気持ちが晴れたという経験がある人は、多いと思います。

このようなスポーツの効用を感じている人が多いのか、ビジネスマンの中には定期的に運動をする人が増えています。

実際に、運動には健康にいい影響があるだけでなく、心の状態をマイナスからプラスへと変えてくれる効果があるのです。

体を動かしているとき、脳は体がケガをしないように運動に集中します。そのため、運動をしている間は脳の中にあったイヤなことが消えてしまうのです。

また、スポーツで筋肉を伸ばしたり、汗をかいたりすることで、「気持ちいい」という爽快感や「できた！」という達成感が得られるので、心にはプラスのエネルギーが増えやすくなります。

ですから、心が弱りがちという人は、運動する習慣を身につけるのは、有効なことといえるでしょう。

派遣社員のM子さんは、週に二回、会社の帰りにスポーツジムに通っています。

きっかけは、運動不足で体重が増えてしまったことですが、今では単純に体を動かすことが楽しくて続けているといいます。

以前は気分の浮き沈みが激しかったのに、プールやヨガ、エアロビクスといろいろな運動をしているうちに、いつの間にか気持ちが穏やかになり、プラスの気分でいる日が増えたといいます。

とはいえ、中には「運動が苦手」という人もいるかもしれません。

そんな人は、ウォーキングやストレッチといった、短時間でも軽く体を動かすことを習慣にするといいでしょう。

普段なら電車やバスに乗るところを歩けば、それだけで結構な運動量になります。

ストレッチなら、自宅で時間を決めればすぐにできるので、面倒ではありません。

体を動かさないでいると、心まで重くなり不健康になってしまいます。

シンプルなことですが、効果はてきめんです。落ち込んだときほど、体を動かして、マイナスの気分を心から追い出しましょう。

83

睡眠を大切にする

睡眠は、人間の体にも心にも想像以上に大きな影響を与えます。

睡眠が不足していると、まず朝起きるのが苦痛になり、心がマイナスの状態で一日がスタートしてしまいます。そして、昼間の仕事では集中力を発揮できないため、仕事を片付けるスピードが遅くなってしまい、さらに心はマイナスに傾くのです。

ある研究によると、一晩徹夜した人の仕事の能力をテストしてみたら、十分睡眠をとったときと比べて、ビールを一本分飲んだときと同じくらい能力が低くなっていたという結果になったそうです。

また、慢性的な睡眠不足は、体調を悪くするのはもちろんのこと、気分が不安定になってうつ病を引き起こす可能性が高まるともいわれています。

ですから、「たかが寝不足」と軽く考えてはいけません。睡眠には、体の疲れだけでなく、心のモヤモヤやマイナス感情を和らげてくれる効果もあるのです。

最近、ずっと暗い気分が続いているという人は、一度自分の睡眠を見直してみることをおすすめします。

あるウェブデザイナーの女性は、疲れているのに夜なかなか寝付けず、昼間、仕事でミスを連発してしまい、落ち込んでいました。

ところが、彼女はあるときを境に、ぐっすりと眠れるようになり、一日中気分よく仕事ができるようになりました。

彼女が何をしたかというと、まず、寝室を徹底的に片付けました。いらないものを捨てて、枕元をスッキリさせました。

また、寝る前には、できるだけ携帯電話やテレビを見ないようにしました。

寝付きをよくするためにはリラックスしていることが大切です。しかし、携帯電話の光やテレビの音は刺激が大きいため、睡眠の邪魔をすることがあるのです。

このように、彼女は自分の生活習慣を見直すことで、ぐっすりと眠ることができるようになり、朝、スッキリと起きられるようになりました。

毎日ぐっすり眠ることができると、それだけで心に幸福感が湧いてきます。心を強くするためにも、質のいい睡眠をとるよう心がけましょう。

84 好きなものに囲まれたスペースをつくる

人間は、好きなものに囲まれていると、大きなプラスのパワーを得ることができます。
「好き」という気持ちは理屈では説明できるものではありません。ただ、好きなものに触れただけで、心にはプラスのエネルギーが湧き上がり、瞬時にマイナスのエネルギーを追い出すことができるのです。

ですから、落ち込んだときにプラスのエネルギーをチャージするためのスペースとして、自分のお気に入りのものだけを置いたスペースをつくることは、心を強くするのにとても有効です。

ある保育士の女性は、自分の部屋に必ず大好きな花を飾っています。

バラ、チューリップ、カーネーションが特に好きなので、たくさん買ってきては大きな花瓶に差して飾ります。

「花の鮮やかな色やいい香りが、心を浄化してくれます」と彼女は言います。

植物には、人の心を癒す効果があります。また、植物は手をかけた分だけ、美しい姿を見せてくれるので、育てる人が充実感を味わうこともできます。

ある別の女性は、カーテンを定期的に替えることで、気分転換をしているといいます。カーテンは、部屋の中でかなり大きなスペースを占めるため、その部分を意識的に替えることで、部屋全体の雰囲気を一新することができるのです。

そういう意味でも、気に入ったカーテンをつけるのは、心理的にもいい効果があるのです。

さらにいうと、カーテンの色は暗い色よりも、白や黄色、オレンジなどの暖色系を使うと、部屋で過ごすときの気分が自然と明るくなります。

ただし、このやり方は自宅に限られるもので、職場などの公共の場所ではできません。

そういう場所では、できる範囲で、好きなものを使うようにしましょう。

お気に入りの文房具を使い、休憩のときに食べるお菓子は、大好きなものを厳選したりして、少しでもいい気分を満喫してください。

自分にとって快適な空間をつくり、心にプラスのエネルギーを増やすことで、少しずつ、心は強くなっていきます。

85 一人で過ごす時間をつくる

気が弱い人は、他人の言動や行動に振り回されやすいため、誰かに何かを言われるたびに心が乱れて、一日が終わると、ドッと疲れてしまうものです。

それを防ぐためには、一日のうちで少しだけでもいいので、一人で静かに過ごす時間をつくることが有効です。

あるＯＬの女性は、両親と一緒に暮らしており、ここ数年、自宅の中で落ち着いて過ごせたことはありません。

なぜなら、母親が彼女の将来について毎日のようにあれこれと口出ししてくるからです。

「あなたは、いつになったら結婚するの？」

「会社ではきちんと仕事しているの？　心配だわ」

彼女としては、心配してくれるのはありがたいのですが、「もう大人なんだから放っておいてほしい」というのが本音でした。

そんな矢先、雑誌で「一人暮らし」の特集記事を読んだことがキッカケで、一人暮らしをする決心をしました。そして、半年後、会社に近い場所で一人暮らしを始めたのです。

「自分の稼ぎの中から家賃や食費を支払うのは大変ですが、一人の時間が増えたことで、気持ちが安定しています。それに母親と距離を置くことで、以前より仲が良くなりました」と彼女は言っています。

一人で過ごす時間をつくるメリットは、まさにその部分にあるのです。

どんな人でも、常に誰かと一緒にいるのは疲れるものです。それは家族などの親しい相手であっても同じです。

ですから、意識的に人から離れて、一人で過ごす時間をつくるのは、心を安定的にプラスに保つためには、とても重要なことなのです。

一人なら、「自分は本当は何をしたいのだろう」、「私の本心は何を望んでいるんだろう」といったことを、ゆっくりと考えることができます。

そうやって、自分の心の声に耳を傾けることで、忙しいときは気付かなかった自分の本心に気付くこともあります。

一人で静かに、自分の心と向き合う時間を持ちましょう。その少しの時間が、人生を豊かにしてくれます。

86

ファッションを楽しむ

「おしゃれをする、あるいは、身だしなみを整えることは、生きていく上の生き甲斐でもある」と言ったのは、小説家であり、着物のデザイナーとしても活躍した宇野千代さんです。

女性にとってファッションは永遠の課題です。

どんな女性でも、「美しくありたい」、「ステキな雰囲気を持った女性になりたい」という願望を持ったことがあると思います。

もちろん人間の価値というのは外見で決まるものではありません。

しかし、自分がキレイに見えるファッションで身をつつむことは、気分を明るくし、心を強くするにはとても効果があります。特に女性なら、それを利用しない手はないと思います。

ある金融機関に勤める女性は、ボーイッシュな雰囲気を持つ明るい人です。

しかし、あるとき、ずっと好きだった男性が他の女性と結婚してしまい、とても落ち込んでいました。

そこで彼女は、今のマイナスの気持ちを心から追い出すために、気分転換として、ファッションを変えてみることにしました。

まずは、デパートへ行き、スカートをいくつか試着してみました。

彼女は、子どもの頃から「男の子っぽい」と言われて育ったせいか、いつもパンツスタイルで過ごしてきました。そのため、「スカートは似合わないのでは……」という不安があり、これまではいてこなかったのです。

ところが、いざスカートをはいてみると、案外似合うことがわかりました。

「こんなかわいいスカートが似合うなら、新しい恋はうまくいくかもしれない」

そう思った彼女の心にはプラスのエネルギーが増えて、元気が湧いてきました。今は、新しい出会いを求めて積極的に動き出しているといいます。

このように、洋服のイメージチェンジをすることで、気持ちをマイナスからプラスへ切り替えることが簡単にできるのです。

ポイントは、着ていて心がウキウキする服を選ぶことです。おしゃれを楽しむプラスの気持ちが、心を強くし、女性を輝かせます。

87

身の回りをキレイにする

風水では、運をよくする上で最も重要なのは、掃除をすることだといっています。

掃除には、その場所に溜まったマイナスの気を取り除く効果があります。

確かに、掃除の行き届いた部屋にいるとスッキリと爽やかな気分になります。

ホテルのロビーや美術館やディズニーランドなどが居心地がいいのは、ゴミひとつなく掃除されていることも大きな原因なのです。

ですから、落ち込んだとき、傷ついたときなどは、掃除をすることで、心にプラスのエネルギーをチャージすることができます。

では、どのように掃除をすればいいのでしょう。

まずは、身の回りの不要品を処分することから始めてください。

もう何年も着ていない洋服、ずっと昔に買ったままの雑誌や本、一度使ってみたけど似合わなくなっているアクセサリーなどは、取っておいてもまず使うことはありません。

「まだ使えるのに、もったいない」と思うかもしれませんが、その気持ちこそが新しい運気がやってくるのを妨害しているのです。

ですので、思い切ってゴミとして処分したり、まだ使えるものなら友人に譲ったり、リサイクルショップに買い取ってもらったりするといいでしょう。

不用品を処分したら、次は身の回りのものを清潔にします。

クリーニングに出し忘れたコートやセーターがあるなら、お店に持っていきましょう。時間があるときに、洗おうと思って先延ばしにしていたクッションカバーやカーテンは、今からまとめて洗ってしまいましょう。部屋中のホコリもきれいに拭き取りましょう。

いつも清潔な洋服を身につけ、インテリアをキレイに保つことは、プラスの気分を持続してくれる効果があります。

最後は、ものを決まった位置に収納することです。

靴は下駄箱に入れる、本は本棚に入れる、食器は食器棚へ、洋服はクローゼットへ、という簡単なことですが、身の回りが散らかっていると心も乱れてしまうので、意識して「使った後はしまう」ことを心がけましょう。

このようにして、いつもキレイで居心地のいい場所に身を置くことで、心はプラスのエネルギーで満たされ、強くなっていくのです。

88

体に優しいものを口にする

若いときは、健康の大切さに気付かずに過ごしてしまいがちです。

そして、病気になってみて、初めて健康のありがたみを実感するのです。

健康を害してしまうと、体の調子が悪くなるのはもちろん、心も一気に弱ってしまいます。体を壊してしまった人が、周りの人が驚くくらい悲観的な考え方に変わってしまうことがありますが、それだけ体が心に及ぼす影響が大きいのです。

そういう意味では、日頃から健康管理をして、ちょっとした病気には負けない体をつくることが、結果的には心を強くすることにつながります。

健康管理といっても、難しく考えることはありません。少しでも体に優しい生活を心がけさえすればいいのです。

その中でも大切なのは食事です。理想的なのは、肉食を控えめにして、野菜を中心に食べることです。そして腹八分を守ることです。

野菜にはさまざまな栄養が含まれている上に、多少食べすぎても胃腸に負担をかけることがありません。反対に、ファストフードやお菓子などは、添加物がたくさん含まれていて刺激が強いので、毎日食べるのはあまりおすすめできません。

また、和食も体に優しい食事として、世界から注目を集めています。

あるスポーツ選手は健康を維持するために、すべての食事を和食にしているとテレビで言っていました。日本の風土に合ったものを食べているわけですから、健康にいいのも頷けます。

あとは、健康に悪いとされている、タバコとお酒は控えめにしたほうがいいでしょう。

最近は、女性でもお酒やタバコをたしなむ人が増えましたが、ほどほどにしておかないと健康や美容によくないだけでなく、その人自身のイメージも壊してしまいかねないからです。

「ストレス解消になるから」という理由で、やめられないのならば、せめて減らす努力をしましょう。そして、別のストレス解消法を見つけましょう。

体は心を強くする上での土台になります。ですから、日頃からいたわってあげることが大切なのです。

89

本を読む時間をつくる

読書が好きな人は、そうでない人と比べて、物事をたくさん知っています。多少困ったことが起きても、豊富な知識で対応できるので、失敗や落ち込みが少なくなります。

「知識は力なり」という言葉もある通り、知識は私たちの生活の手助けをしてくれる頼もしい存在です。

悩んだときは、落ち込む前に、書店に立ち寄ってみましょう。たとえば、恋愛のトラブルで悩んでいたとしたら、書店で恋愛コーナーに向かいます。

書店の恋愛コーナーには、恋愛のトラブルを解決するために役立ちそうなものがたくさんあるでしょう。パラパラ眺めてみて、詳しく内容を知りたくなる本があれば、思い切って買ってみましょう。

その本の中に、悩みを解決する糸口が見つかる場合もあります。

そのものズバリの回答が見つからなくても、「こうすれば解決できそうだ」というヒントが見えれば、心の中のマイナスのエネルギーが増えることを止められます。

また、本は、自分の知らない新しい世界を見せてくれます。

目の前の悩みに意識をとられていると、頭の中は自分のことだけで一杯になってしまい、心もマイナスに傾きます。

そんなとき、まったく分野の違う本を読んでみると、いい気分転換になるものです。

人間関係のトラブルに巻き込まれて仕事を辞めることになったある女性は、ある日、書店の資格コーナーに立ち寄りました。そこで、資格の本を手に取り、自分の知らない職業がたくさんあることに驚きました。

「新しい職を探すときに役に立つかもしれない」と思い立った彼女は、その本を買って帰り、一番気になった介護ヘルパーの資格にチャレンジすることにしました。彼女はその試験に見事合格して、現在は介護施設で働いています。

彼女が書店に立ち寄らず、家で落ち込んでいたら、今頃はまだトラブルの相手を恨んで、毎日泣いていたかもしれません。

生活の中に、読書の時間を取り入れましょう。読書は、知識とプラスのパワーを私たちに与えてくれる素晴らしい体験です。

90

小さな旅を計画する

人の心が弱くなる原因のひとつに、いつも同じ環境に留まっているということがあります。

「会社と自宅の往復ばかりで、毎日がつまらない」

「仕事が忙しすぎて、休息の時間が全然とれない」

そんな状況になると、心がマンネリ気味になり、次第に疲れてしまうのです。

そんな状況を防ぐためにおすすめなのが、小さな旅を生活に取り入れることです。

旅行に行くと、見慣れない風景に心が躍り、日頃のストレスを忘れてしまったという経験は、誰にでもあると思います。

それを心理学で「転地効果」といいます。

人は、環境が変わることによって、精神的、肉体的にもプラスの刺激を受けて、心と体の調子がよくなるのです。

旅行に行くと、美しい風景を見たり、美味しいものを食べたりして、いつもとは違う体験ができるため、心には新鮮なプラスのエネルギーが増えていきます。

ですから、ストレスをこまめに発散するためにも、定期的に小さな旅をしましょう。

派遣社員のある女性は、社内で一番忙しいといわれている部署で働いています。そのためか、いつも仕事に追われて、体の疲れが取れにくく、遂にはうつ病の一歩手前の精神状態になってしまいました。

そんなとき、女友達から一泊の小旅行に誘われました。

夜は温泉に入り、久しぶりに昔話に花を咲かせました。昼間は観光地をのんびり散策して、自然に癒されました。すると、帰りの電車の中では、心にまとわりついていたはずの悩みがすっかり消えてなくなっていることに気付きました。

それからというもの、彼女は連休のたびに、近くの観光地に一泊旅行するようになったといいます。

心が弱ってどうしようもなくなってしまう前に、小さな旅に出て、プラスのエネルギーをチャージしましょう。

休息をとることは、弱った心を回復させるだけでなく、強い心を保つことにもつながります。

第10章

さらに心を強くするための生き方

91

フットワークを軽くする

普段からフットワークを軽くしておくと、心がプラスになるような出来事に出会いやすくなります。

あるOLの女性は、仕事で落ち込むことがあると、仲のいい友達にメールをして、遊ぶ約束をするそうです。

そこで仕事の悩みを打ち明けるわけではありません。新しくできたショッピングスポットへ足を運んだり、少し遠出をして日帰り観光をしたりするだけです。

彼女はそうやって、自分の心にプラスのエネルギーをチャージして、落ち込んだ気分を一掃しているのです。

人に相談することにも、もちろん効果があります。しかし、相談するときに、マイナスの言葉を使うことになり、意識がマイナスに傾いてしまう可能性もあります。

その点、思いっ切り遊ぶことは、それだけで心にプラスのエネルギーを与えることができるので、気分を明るくする効果が強いのです。

ある別の女性は、気になったことがあったら、すぐに調べて行動するようにしています。

たとえば、アロマテラピーが気になったとしたら、会社の帰り道にアロマの専門店に寄ってみます。そして、実際に香りをかいでみて、お気に入りのものがあったら購入して、自宅で使ってみるそうです。

また、将来のことが心配になったら、インターネットで関連の講演会が開催されていないか調べてみます。そして、ファイナンシャルプランナーが話す講演会が見つかったら、すぐに申し込んで、参加してみるという具合です。

その講演会では、効率的な貯蓄の方法や保険、マンションの購入のポイントを詳しく知ることができたため、「今から準備しておけば将来は安心ね」と心が上向きになったそうです。

このように、フットワークが軽いと、心のマイナスのエネルギーを追い出すことが簡単になり、いつも心を強く保つことができます。

何もしないで悩んでいても、心にはマイナスのエネルギーが増えていってしまいます。

「面倒くさい」という言葉を封印して、フットワークを軽くすると、心にストレスが溜まりにくくなり、毎日が楽しくなります。

92 新しいことにチャレンジする習慣を持つ

「あなたは、何か新しいことにチャレンジしていますか?」という質問に、「はい」と答えられる人は、向上心に溢れた、強い心の持ち主です。

反対に「いいえ」と答えた人は、なぜチャレンジをしないのか、自分の心に聞いてみてください。

ある人は、「もう若くないから」と年齢のせいにしようとします。

特に女性はどんなことでも年齢のせいにしがちです。しかし、実際は年齢のせいではなく、単に自分が消極的な考え方をしているにすぎないのです。

三十代で新しい仕事にチャレンジする人もいます。最近では四十代で結婚をして、家庭をつくる女性も増えています。

チャレンジできない言い訳を年齢のせいにすると、明るい未来が見えなくなります。

ですから、いっそ年齢のことは忘れる気持ちで、新しいことに目を向けてみると、心に強さを取り戻すことができるでしょう。

あるOLの女性は、「どうせ失敗するから」と初めから何もしないで、あきらめています。

しかし、それでは明るい未来どころか、今現在もつまらない気持ちを持て余すことになり、心はいつもマイナスのエネルギーで満たされることになります。そのような人は、生活の中で怒りやすくなったり、落ち込みやすくなったりして、ますます心は平穏から遠のいてしまいます。

チャレンジすることに意義があるのは、新しいことを始めることによって、心の中に新鮮な気持ちや楽しい気持ちを呼び込むことができるという点です。

「成功しないと意味がない」とか「失敗するのはリスクだから」という考えがあるなら、「行動することに意味がある」というふうに考え直してみてください。

別のある女性は、ずっと東京に住んでいましたが、地方に転勤することが決まり、勇気を出して運転免許を取ることにしました。

これまでは「車なんて必要ない」と思っていたのに、いざ教習所に通い始めたら、車の運転がどんどん楽しくなっていったそうです。

どんなチャレンジでもいいのです。それが叶ったらいいなと思うことに、どんどん挑戦して、心にプラスのエネルギーを増やしましょう。

93

いつも感謝の気持ちを忘れない

おそらく世の中に「ありがとう」という言葉が嫌いな人はいないはずです。どんなに暗い気持ちでいる人でも、「ありがとう」と声をかけられたら、心の中にはプラスのエネルギーが湧いてきます。

それだけ、「ありがとう」という言葉には強力なパワーがあるということです。

しかし、たいていの人は「ありがとう」という言葉を、相手が何かいいことをしてくれたときにしか使いません。

「それが当たり前のことでしょ」と思うかもしれません。しかし、心の強い人は、「ありがとう」の効果をよく知っているため、普通の人なら言わないような場面でも、感謝の気持ちをよく口にします。

たとえば、恋人に多少の不満があったとしても、それを口にはせずに、

「そうはいっても、彼はいつも一生懸命仕事をしているし、忙しくても会う時間をつくろうとしてくれているから、ステキな人だわ」

「もし彼がいてくれなかったとしたら、こんなに淋しいことはない。だから、会って話を

するだけで幸せだと思う」

というふうに、プラスの側面を見ることができるので、自然と「ありがたい」という気持ちになり、それを相手に伝えることができるのです。

また、自分の将来に不安があっても、感謝の気持ちを忘れないでいると、

「私が今まで生きてこられたのは、自分一人の力ではなくて、たくさんの人たちの支えがあったからだ。だからこれからも頑張れる」

と前向きな気持ちを取り戻すことができるため、不安を小さくすることができます。

つまり、どんな状況に置かれていても、「ありがたい」という気持ちが土台にあれば、心はずっと強いままでいられるのです。

「感謝の心を失わない限り、あなたの人生は豊かさを失いません。感謝は幸せのバロメーターです」と言ったのは、アメリカの人間関係学の大家、デール・カーネギーです。

いつも「ありがとう」と感謝して、心にプラスのエネルギーを増やし続けましょう。

94 すでに持っているものに気付く

心が弱い状態にあると、ささいなことですぐに落ち込んでしまうものです。

「会社の同僚に冷たい態度をとられた」

「仲のいい男性はたくさんいるのに、なかなか恋人関係まで発展しない」

「友達に何かをプレゼントしても、お礼も言われないし、お返しもくれない」

当の本人にとっては大きな問題かもしれません。

しかし、別の見方をすれば、そんなささいなことで傷ついてしまうのは、それ以上に自分の身に悪いことがないからだ、ということもできます。

会社の同僚に冷たい態度をとられて傷つくという人は、少なくとも毎日会社に行って働くことができます。

仕事が欲しくても見つからない人もいますし、病気やケガが原因で働きたくても働けない人もいます。同僚の言葉に傷つくことができるのは、働く場がある人だけで、恵まれているのです。

恋人関係になれないと落ち込んでいても、すでに仲のいい男性が数人いるだけで、その女性はかなり恵まれているといえます。

男性と仲良くなりたいのに、なかなか出会えない環境にいる女性もたくさんいます。それに、今は恋人関係になれなくても、男性が近くにいるというだけで恋のチャンスは他の人よりもたくさん与えられているのです。

お礼もお返しもくれない友達だったとしても、「プレゼントを贈りたい」と思うほどの親しい友達がいることは、とても貴重なことです。世の中には、「友達ができない」と悩む人もいれば、親しい人たちとの関係がうまくいかず嘆いている人もいるのです。

そう考えたら、「これまで落ち込んでいたのは実はたいしたことではなかった」と気付くはずです。

人は、ないものばかりに目がいく生き物です。しかし、よく見てみれば、本当はすでに、たくさんのものを手にしているのです。

すでに持っているものを意識すると、心にポジティブな感情が戻ってきて、ささいなことでは傷つかない強い心を手に入れることができます。

95

占いよりも、自分を信じる

女性は総じて占い好きです。

「半年後にステキな出会いがあるでしょう」と言われればハッピーな気持ちになり、「今年は全般的に運に恵まれない」と言われればがっかりします。

占いは、楽しみとして利用する分には悪いものではありません。

注意したいのは、心が弱っている状態で占いをすると、占い師の言葉をそのまま信じて、必要以上に心が乱されてしまうということです。

占い通りのいいことが起こらなかったら、期待していた分だけ、心はマイナスに傾きます。

ネガティブな予言を信じた人は、悪いことが起きても起きなくても、心の中は不安や悲しみといったマイナス感情で一杯になります。

つまり、占いの結果は気にしすぎると、心のエネルギーをマイナスに傾けるのです。

そもそも占いは、「当たるも八卦当たらぬも八卦」といわれるくらいのものです。

占いと付き合うときは、丸ごと信じるのではなく、ポジティブなものだったら、ありがたく聞き入れて、ネガティブなものだったら「これから気をつけるべきところがわかった」と前向きに受け取るくらいがちょうどいいのです。

あるイラストレーターの女性は、占い師の鑑定で、「あと5年は、結婚相手が見つからないでしょう」と言われました。

恋人募集中だった彼女はショックを受けましたが、それでも運命の出会いをあきらめずに、積極的に行動をしていました。

すると、一年後に年上の恋人ができ、二年後には結婚が決まったのです。

彼女は、占いの結果を前向きに受け止めて、「結婚相手に恵まれないからこそ、出会った男性とのご縁を大切にしよう」という心構えでいたそうです。

そんな彼女の心の強さが、彼女の望む未来を引き寄せたのでしょう。

占いよりも大切なのは、自分自身がどちらに進みたいかという気持ちなのです。

不安定な世の中ですから、未来を予言してもらいたい気持ちはわかります。しかし、占いはあくまでも予想であり、未来をつくってくれるものではありません。

未来をつくれるのは、今日の自分だけなのです。

96

一生付き合っていける仲間を見つける

「人々は悲しみを分かち合ってくれる友達さえいれば、悲しみを和らげられる」

こう言ったのは、『ロミオとジュリエット』で有名な劇作家のシェイクスピアです。

人は一人では生きていけません。ある心理学者が言うには、人間の心を一番むしばむのは「誰からも必要とされない」という孤独感だそうです。

ですから、理解し合える誰かの存在があるだけで、人は元気に頑張って毎日を生きていけるのです。

「母は強し」という言葉があるように、子どもを持つと、女性は精神的に強くなるといわれています。

なぜなら、「愛する子どもを守ろう」という気持ちが強くなり、ちょっとしたことで落ち込んでいられないという前向きさが自然と湧いてくるからです。

愛する相手が子どもではなくても、心から「大好き」と思える仲間がいると、心を強く保つことができます。

その仲間というのは、ある人にとっては恋人であったり、親友だったりします。仕事で出会った師匠、学生時代の恩師、兄弟姉妹、両親もそうかもしれません。

つまり、自分の心の支えとなる人がいるかいないかでは、生きる原動力に大きく差が出て、それが直接心の状態に関係してくるのです。

それに、自分が信頼している人から信頼されるという喜びは、何事にも代え難い一生の宝となるのは間違いありません。

アパレル企業に勤務する女性は、幼なじみと今でも仲良しです。彼女は東京で働いていますが、幼なじみは故郷で子育てに励んでいます。年に一回しか会えませんが、メールで近況を報告したり、お互いの誕生日にはプレゼント交換をしたりして、交流を続けているそうです。

一年に一回、幼なじみとゆっくり話すことが、彼女にとっては何よりの心の洗濯なのです。応援してくれる幼なじみのためにも、つらいことがあっても頑張ろうという気持ちになれるといいます。

仲間を大切にし、愛情を惜しみなく注ぎましょう。人との絆が、心を強く安定させます。

97 イメージングの習慣を持つ

「あなたが習慣的にイメージング・タイムを設けているかいないかで、願望実現の度合いは大きく違ってきます」

これは、潜在意識の研究で有名なジョセフ・マーフィー博士の言葉です。

マーフィー博士によると、アメリカで成功している人の多くが、自分の未来に対してポジティブなシーンを想像する「イメージング」を実践しているといいます。

イメージングとは、自分がそうなりたいと思うシーンを、できるだけ具体的に、イメージすることです。

たとえば、一流のスポーツ選手は、試合前に自分が勝利した姿を想像します。そうやって、自信をつけているのです。

これは「イメージ・トレーニング」といって、れっきとしたスポーツのメンタルトレーニング方法のひとつです。

また、ある女優さんも、無名の時代から「いつかオーディションに受かって、ドラマ出演が決まる」というシーンを、ずっと思い描き続けていて、数年後、見事にドラマ出演の話が来たといいます。

明るい未来を実現するために、「イメージング」を活用すると、心はプラスの感情で満たされるので、自信がつき、心をどんどん強くすることができます。

イメージングするときのコツは、「叶えたい夢があるけど、本当に大丈夫かしら?」と疑いの気持ちを持ってイメージしないことです。

最初のうちは、ぼんやりとしたイメージしか浮かばないかもしれませんが、あきらめずに何度も続けてみてください。具体的にイメージできればそれに越したことはありません。

「なんとなく楽しい」ということがイメージできれば、効果は得られます。

「どうしてもイメージが湧かない」という人は、今年、やりたい目標を考えてみてください。イメージする対象が明確にあると、想像力も働きやすくなるでしょう。

心を強くしたいと願う先には、なりたい自分、叶えたい夢があるはずです。

夢が叶ったシーンをイメージングすることで、心を鍛えるための習慣を身につけることも楽に感じられるようになります。

98

人生の設計図を作ってみる

前項で「イメージングを活用すると、未来に希望が持てるようになる」と述べました。それができた人は、さらに具体的に未来の自分を思い描くために、人生設計図を作ってみることをおすすめします。

「今は独身で恋人もいないけど、三十歳までに結婚したい」
「今は会社員で働いているけど、五年後には退社してフリーランスになりたい」
「四十代になったらカッコよくて知的なファッションが似合う女性になりたい」
「長期休暇をとって、南国の島へ旅行に行きたい」

このように、「こんな自分になりたい」、「こんなことをしてみたい」という願望を、実際に目に見えるように、文字や写真で表現してみるのです。

やり方は簡単です。大きな画用紙の中心に自分の写真を貼ります。

次に、自分の写真の周りに、自分の願望のイメージに合った写真を雑誌やパンフレットから切り抜き、貼っていきます。絵が得意な人なら、イラストで表してもいいでしょう。

たとえば、「三十歳までに結婚したい」という願望ならば、着てみたいウエディングドレスの写真、結婚式場、新婚旅行の場所、幸せな家族を連想させる写真を貼って、横に「三十歳までに」というふうに書いてみてください。

なぜなら、「いつまで」と期限が決まっていると、脳に「この期限までに叶えるぞ」とスイッチが入るため、願望が叶うスピードが速くなるのです。

フリーランスになりたいのなら、自分の理想とするオフィスや憧れの業種の写真、目標としている女性起業家がいるならその人の写真を貼ってもいいでしょう。

ファッションセンスに関することなら、ファッション雑誌が参考になりますし、旅行に行きたいならパンフレットから写真を探し、旅行にかかる費用も書くといいでしょう。

作っている最中に、胸がワクワクして楽しい気持ちになれば、あなただけの人生設計図は完成です。完成後も、できるだけ頻繁に眺めるようにすると効果は高まります。

「心を強くしたい」と頑張るのと同時に、「自分の未来にはハッピーなことが待っている」というイメージを強く持つことで、毎日が楽しくなるでしょう。

99 自分の気持ちに正直に生きる

人生は、長いようで短いものです。

たいていの人は、「そんなことわかっている」と思いながらも、実際は毎日、仕事や日々の雑用に追われて、一日があっという間に過ぎてしまうというのが現実だと思います。

「未来のことを考えるゆとりなんてないよ。こんなに毎日やることが一杯あるんだから」

「心がずっとマイナスのままなのは仕方ないことだ。現実は暗いことばかりなんだし」

このような言葉が口をついて出てくるのなら、自分では気付かないうちに心が疲れてしまっているかもしれません。

「人生において何よりも難しいことは、嘘をつかずに生きることだ」

こう言ったのは、『罪と罰』を書いたロシアの作家、ドストエフスキーです。

本当はやりたいことがあるのに、自分に嘘をついて、やりたくないことを続けていませんか？

周りの期待に応えることばかり優先して、本当の自分を見失っていませんか？

心が強い、弱いに関係なく、自分の気持ちに正直に生きていないと、あとで必ず後悔するときがきます。

ですから、日々、「本当に大切なものは何?」と未来を真剣に考えることが大切なのです。芸術家の岡本太郎さんの秘書を務めていた岡本敏子さんは、学生時代の頃から岡本太郎さんのアトリエに出入りして、彼の仕事を手伝っていました。

大学卒業後は、出版社勤務との二足のわらじでサポートを続けていましたが、あまりにも彼との仕事が楽しくて、遂には出版社を退職し、専属の秘書になったといいます。

そして、「太郎さんを見つめることが私の生き甲斐」と言い切り、彼が亡くなるまで献身的に支え続けました。彼女は、明るい未来を見通していたのではなく、ただ自分の気持ちに正直に生きただけです。そんな迷いのない思いが彼女の心を強くし、彼女の人生を充実したものにしました。

自分に正直に生きていれば、何年かかろうとも、心は鍛えられ、人生は楽しくなります。今、どんなに苦しくても、希望を捨てないでください。自分の思い次第で、人生を変えることはできるのです。

100 もっともっと強い自分になれる

心が強くなる習慣を生活に取り入れると、少しずつ自分の変化を感じられるようになります。

「少し前まではイヤなことがあると落ち込んでいたのに、最近は気にならなくなった」

「夢も希望もなかった私が、やってみたいことが見つかって、毎日が楽しくなった」

「周りの人の役に立つために行動したら、人間関係の悩みがなくなった」

そんな成功体験を少しずつ重ねるうち、心は強くなり、人生は楽しくなります。

しかし、いくら心が強くなっても、抱えている悩みがすべて解決するかといえば、そうではありません。

この先、どんなに心の強い人間になれたとしても、そこには新しい悩みが発生してきます。そんなとき、「また壁にぶつかった。また弱い自分に戻ってしまいそうだ」と不安になるかもしれません。

しかし、一度、心を強くする方法を実践してうまくいった人は、また一時的に心が弱っても、以前より楽に立て直すことができるようになります。

ですから、この先、思いがけず心にマイナスのエネルギーが増えてしまったときも、取り乱す必要はありません。

人はプラス思考が習慣になると、自分が幸せになることを素直に求めるようになります。

そのため、「もっと自分の心を強くしたい」、「もっと理想の自分に近付きたい」と思うものです。

つまり、夢を追いかけることに、終わりはないのです。

そして実際に、人の心の成長に終わりはありません。「強い心をつくりたい」というモチベーションを持ち続けることができれば、ずっと成長を続けることができます。

「幸福な人とは成長している人です。また不幸な人とは、いかなる原因が背景にあれ、成長が止まった人です」と言ったのはアメリカの教育者、デューイです。

「あのとき、なりたい自分になるために頑張ればよかった」とあとで後悔しないように、積極的に行動していきましょう。

思い切り今の人生を謳歌《おうか》するプラスの感情は、強い心を育てるための肥料になるのです。

植西聰の大好評既刊本

運がよくなる100の法則

集英社be文庫

累計14万部突破!!「運がよくなるヒント」がひと目でわかる。考え方から、人とのコミュニケーション、日常の行動アドバイスまで100のヒントが運を呼ぶ!

今日からできる!人に好かれる100の方法

集英社be文庫

友達ができないのも、恋人とうまくいかないのも、自分自身の「人に好かれる魅力」が足りないから? 今すぐできる、誰にでもできる方法とは?

不安を自信に変える練習帳

集英社be文庫

今の自分に自信が持てない、過去を悔やんだり、自分をわかってもらえないとストレスを感じたり……不安の塊を解消する方法を教えます!

愛がつかめる39の幸せ法則

集英社be文庫

「なぜ私の恋はうまくいかないの?」「どうしたら、彼の心をつかめるの?」

愛に悩む読者に贈る幸せ法則。

変わりたいあなたへの33のものがたり

集英社be文庫

夢を叶えたいあなたへ、幸せを引き寄せたいあなたへ、人づきあいが苦手なあなたへ、きっと変われる! ささいなことがきっかけで人生を好転させる法。

心が晴れ晴れする 菜根譚のことば88

集英社

心のもやもやをすっきり晴らす菜根譚名言集。

中国古典金字塔の超訳。夢を叶えたい、人に好かれたい、仕事で成功したい……。

様々な悩みが晴れてすっきり元気になれる、ご利益満載本。

うえにし　あきら
akira uenishi
東京都出身。著述家。

学習院高等科、同大学卒業後、資生堂に在職。

独立後、「心理学」「東洋思想」「ニューソート」などに基づいた人生論の研究に従事。1986年、長年の研究を体系化した「成心学」の理論を確立し、著述活動を開始する。

1995年、「産業カウンセラー」（労働大臣認定）を取得。

他に、「知客職」（僧位）、「心理学博士」の名誉称号を持つ。

著書に『運がよくなる100の法則』『今日からできる！人に好かれる100の方法』『愛がつかめる39の幸せ法則』（集英社 be 文庫）『「折れない心」をつくるたった１つの習慣』（青春出版社）『「いいこと」がいっぱい起こる！ブッダの言葉』（三笠書房）『みんなが気づいていないチャンスに変えるきっかけ90』（PHP 研究所）など好評発売中。

装丁・デザイン　　若林貴子

強《つよ》い心《こころ》をつくる100の習慣《しゅうかん》

著者　　植西 聰

発行日　　2012年10月31日　第1刷発行

発行者　　大久保徹也
発行所　　株式会社　集英社
〒101-8050　東京都千代田区一ツ橋 2-5-10
（編集部）　03（3230）6250
電　話　　（販売部）　03（3230）6393
（読者係）　03（3230）6080
印　刷　　凸版印刷株式会社
製　本　　株式会社ブックアート

 ISBN 978-4-08-333128-2 C0076
定価はカバーに表示してあります。